Inhaltsverzeichnis

A wie Anfang ... 3
Ich und die anderen ... 8
Das kann ich jetzt! ... 13
Unsere Heimat – unsere Welt ... 14
Arbeiten und erfinden ... 18
Das kann ich jetzt! ... 23
Fantasiewelten ... 24
Ich und mein Körper ... 29
Das kann ich jetzt! ... 35
Gestern, heute und morgen ... 36
Kleider machen Leute ... 42
Das kann ich jetzt! ... 48
Wasser und Wetter ... 49
Das kann ich jetzt! ... 55
Leben in und an Gewässern ... 56
Das kann ich jetzt! ... 61
Die Welt der Medien ... 62
Jahreskreis ... 64
Das große Wiederholungsspiel ... 68
Wörterliste ... 70
Schneidebogen ... 77
Lernbereichsübersicht ... Umschlag

Schreibe auf.
Schlage nach.
Partnerarbeit
Male und gestalte.
1 Zusatzaufgabe

Wegweiser für besondere Seiten

Richtig schreiben

Richtig abschreiben 6

Wörter mit langem i-Laut 7

Wörter mit tz und ck 12

Wörter mit ß und ss 17

Zusammengesetzte Wörter 22

Zeichensetzung bei der wörtlichen Rede 27

Wörter mit x-Laut 28

Wörter mit Dehnungs-h 33/34

Wörter mit V/v 46

Wörter mit silbentrennendem h 47

dass und das 54

Wörter mit Nachsilben 59

Wörter mit doppeltem Selbstlaut 60

Immer wenn du eine Seite im Arbeitsheft geschafft hast und einen dieser Köpfe unten siehst, darfst du einen passenden Sticker vom Stickerbogen auf den großen Spielplan (Seite 68/69) kleben.

Wörterbuch-Training

1 Schlage nach: Welche Wörter kommen vor und nach dem Wort?

_______________ _______________ _______________

dumm verbrennen frei

_______________ _______________ _______________

2 Wie heißt die Einzahl? Schreibe sie mit Artikel auf.

 → _______________

 → _______________

 → _______________

3 Welche Wörter stecken in den Bildern? Denke an den Artikel.

 → _______________ + _______________

 → _______________ + _______________

 → _______________ + _______________

 → _______________ + _______________

4 Wo steckt hier der Fehler? Schreibe richtig und markiere.

Narung = _______________ Klown = _______________

bischen = _______________ beisen = _______________

volständig = _______________ Teater = _______________

5 Finde das fehlende Wort.

Juliane rennt schnell, aber Philipp ist fünf Sekunden _______________ als sie.

Nina hat eine gute Geschichte geschrieben, aber Tims Geschichte gefällt

mir _______________.

Satzglieder gesucht!

1 Fülle die Lücken.

ich | Flügel | viele Menschen | man

_______________ bin ein Lebewesen. Man sieht mich im Frühling und im Sommer.

Ich habe kein Fell. Auf meinem Rücken sind _______________.

_______________ sieht mich in den Farben Rot und Schwarz, manchmal sogar

in Orange und Schwarz. _______________ glauben, dass ich Glück bringe.

Ich bin ein _______________.

2 Wie heißt das Satzglied, das du in den Text einsetzen musstest?

→ _______________

3 Fülle auch hier die Lücken.

kennen | erlebe | bin | wohne | sind | leuchten | trage

Ich _______________ ein Lebewesen, aber kein Tier. Kinder _______________ mich

aus Büchern. Dort _______________ ich viele Abenteuer. Ich _______________ ganz

allein mit Tieren in einem großen Haus. Am liebsten _______________ ich

Ringelsocken und lange T-Shirts. Meine Haare _______________ rot und

auf meiner Nasenspitze _______________ Sommersprossen.

Ich heiße _______________.

4 Wie heißt das Satzglied, das du in den Text einsetzen musstest?

→ _______________

5 Bilde im Heft Sätze mit den Verben aus den Wortkarten.
Unterstreiche Subjekt (Satzgegenstand) und Prädikat (Satzkern) farbig.

beobachten | wissen | nachschlagen | trainieren | verbessern

SB S. 7

Subjekt (Satzgegenstand) und Prädikat (Satzkern)

1 Lies dir den Text durch. Unterstreiche Subjekt (Satzgegenstand) und Prädikat (Satzkern) farbig.

Am Nachmittag sitzen Juliane und Yasmin in ihrem Zimmer. Leider regnet es draußen. Die Mädchen langweilen sich. Da hat Yasmin eine Idee. Sie holt aus ihrer Schultasche einen Stift und Papier. Beides gibt sie Juliane. Sie setzen sich Rücken an Rücken. Nun diktiert Yasmin ihrer Freundin das Bild einer Giraffe. Juliane malt das Bild auf. Aber sie erkennt das Tier nicht. Das fertige Bild zeigt sie Yasmin. Die Giraffe ist jetzt ein Elefant mit zu langen Beinen!

2 Suche dir einen Partner und versuche mit ihm auch ein Bilddiktat.

3 Bilde Sätze, in denen das Prädikat (der Satzkern) aus zwei Teilen besteht.

ausmalen | einkaufen | mitnehmen | hinschauen | aufgeben

Das Prädikat (der Satzkern) kann auch aus zwei Teilen bestehen.

Leon **holt** Lisa **ab**.
Lisa **kann** gut **schwimmen**.

4 Unterstreiche das Prädikat (den Satzkern).
Achtung: Unterstreiche beide Teile!

Verena möchte ins Schwimmbad gehen.
Tim muss laut lachen.
Frau Schneider will mit ihrer Klasse einen Ausflug machen.
Stefan darf ins Kino gehen.

SB S. 8

Richtig abschreiben

1 Schreibe den Text richtig ab. Achte auf die Abschreibtipps.

Viktor trainiert für Olympia
Im letzten Schuljahr nahm Viktor sehr erfolgreich an den Bundesjugendspielen teil. Er bekam eine Ehrenurkunde und durfte bei „Jugend trainiert für Olympia“ teilnehmen. Gemeinsam mit anderen Kindern aus seiner Klasse musste er schwimmen, rennen, werfen und springen. Auch hier war er so gut, dass er eine Auszeichnung bekam. Viktor hat sich fest vorgenommen, auch bei den nächsten Bundesjugendspielen wieder sein Bestes zu geben, denn irgendwann möchte er das goldene Sportabzeichen erhalten.

- Text durchlesen
- Lineal unter die Zeile legen
- sich nur ein paar Wörter merken
- sich schwierige Wörter einprägen
- beim Schreiben mitsprechen
- Schritt für Schritt kontrollieren

SB S. 13

Wörter mit langem i-Laut

1 Kannst du die Wörter entschlüsseln?

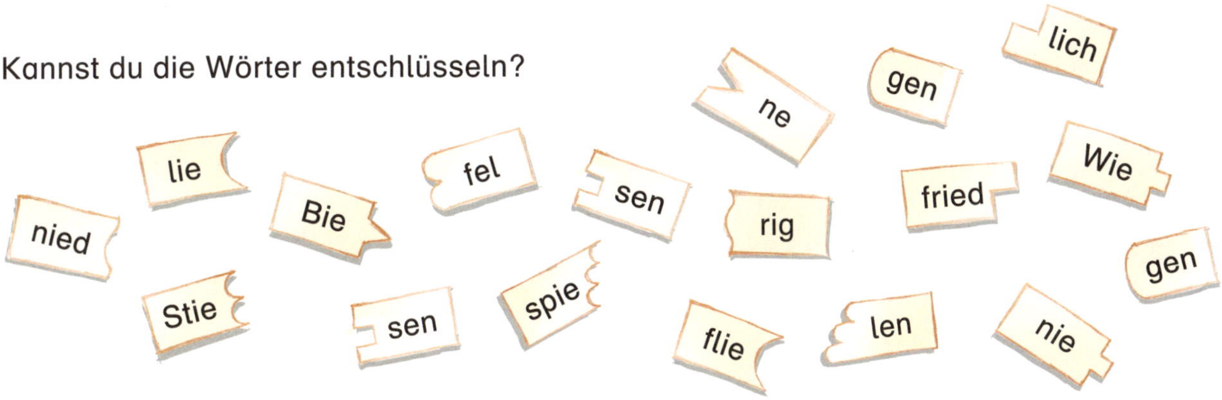

Nomen: ______________________________

Verben: ______________________________

Adjektive: ______________________________

2 Fülle die Lücken aus.

Im L____gestuhl kannst du ______________________.

Mit dem Rad____rgummi kannst du ______________________.

Mit dem L____ferwagen kannst du etwas ______________________.

Auf dem Sp____lplatz kannst du ______________________.

Im Sp____gel kannst du dich ______________________.

3 Suche in der Wörterliste oder im Wörterbuch fünf Wörter mit lang gesprochenem **i** und mit **ie**. Ordne sie in die Tabelle ein.

Sehr oft schreibst du langes i als ie.
Ausnahmen musst du dir merken.

Wörter mit langem i	Wörter mit ie

SB S. 15

Der Klassenrat hat getagt

1 Schreibe zu den Stichpunkten ein Protokoll.

- 6.10.
- Klasse 4a
- Frank, Lea krank
- Jenny: Protokoll letzte Sitzung
- Thema: Projektwoche
- Sammeln der Vorschläge an der Tafel (Sport, Buch, Meerestiere, Kunst) und Diskussion
- Abstimmung zwischen Sport und Kunst: 11 für Sport, 9 für Kunst
- Beschluss: Sport

- Schreibe zu Beginn den „Kopf" des Protokolls (Datum des Klassenrats, Angaben zu den Teilnehmern, dein Name als Verfasser und Thema).
- Gib den Verlauf wieder.
- Mache aus den Stichpunkten Sätze.
- Nummeriere die einzelnen Punkte (TOP 1, 2, 3 …).
- Schreibe in der Gegenwart.
- Unterzeichne zum Schluss mit Datum.

Protokoll ______________________________

Anwesend: ____________________ Abwesend: ____________________

Protokollschreiber: ____________________ Thema: ____________________

TOP 1: ______________________________

(Unterschrift und Datum)

SB S. 19

Einen Fünf-Satz-Text schreiben

1 Wähle ein Thema aus und schreibe einen Text dazu.

1. *Ich möchte* ______

2. *Deshalb muss ich* ______

3. *Danach ist es wichtig, dass* ______

4. *Zum Schluss* ______

5. *Mein Ziel habe ich erreicht, wenn* ______

SB S. 20

Wen oder was? und Wem?

Die Kinder der 4. Klasse halten jede Woche einen Klassenrat ab.
Zu Beginn lesen sie das Protokoll der letzten Sitzung vor.
So wird allen Teilnehmern der Ablauf wieder klar.
Dann suchen sich die Kinder ein neues Thema. Es wird diskutiert.
Die wichtigsten Stichpunkte schreibt die Lehrerin den Schülern an die Tafel.
Oft gibt es eine Abstimmung. Den Kindern ist der Klassenrat wichtig.

1 Unterstreiche alle Satzglieder, die auf die Frage Wen oder was? antworten.

2 Schreibe die Fragen und Antwortsätze dazu auf.
Unterstreiche die Fragewörter und das Satzglied farbig.

Wen oder was halten die Kinder der 4. Klasse jede Woche ab?
Die Kinder der 4. Klasse halten jede Woche einen Klassenrat ab.

einen Klassenrat, das Protokoll der letzten Sitzung,
ein neues Thema, die wichtigsten Stichpunkte, eine Abstimmung

3 Unterstreiche im Text alle Satzglieder, die auf die Frage Wem? antworten. Arbeite anschließend weiter wie in Aufgabe 2.

Wem

allen Teilnehmern, den Schülern, den Kindern

4 Bilde selbst einige Sätze mit **Wen oder was?** -Ergänzungen und unterstreiche das Satzglied. Haben deine Sätze auch **Wem?** -Ergänzungen? Unterstreiche.

Das Satzglied, das dir auf die Frage Wen oder was? antwortet, nennst du **Wen oder was?** -Ergänzung.

Das Satzglied, das dir auf die Frage Wem? antwortet, nennst du **Wem?** -Ergänzung.

SB S. 23

Wörter mit tz und ck

1 Setze richtig ein: z oder tz, k oder ck?
Kontrolliere mit dem Wörterbuch.

hei__en	entde__en	stär__en	we__en
drü__en	win__en	schwi__en	ni__en
si__en	ba__en	kreu__en	tro__nen

Vor tz und ck sprichst du den Selbstlaut oder Umlaut kurz: backen, sitzen.

2 Schreibe zu jedem Wort ein verwandtes Wort auf.

heizen: Heizung, __________

3 Schreibe die Sätze in Silben getrennt auf.

Herr Titze findet es spitze, wenn seine Katze Mitzi auf ihren Tatzen schleicht.

Frau Bäcker findet es eklig, wenn dreckige Fußabdrücke ihr Parkett verschmutzen.

4 Schreibe alle Wörter mit tz und ck aus deiner Wörterliste heraus.

SB S. 27

Klassenrat

Fast jede Woche trifft sich die Klasse 4a zum Klassenrat. Dazu übernehmen die Kinder Aufgaben. Sie brauchen einen Gesprächsleiter, einen Zeitwächter, einen Regelwächter und einen Protokollschreiber. Am Anfang liest der Protokollschreiber den Schülern das Protokoll vor. So erinnern sich alle wieder an den Ablauf. Danach diskutieren die Kinder über ein neues Thema. Die wichtigsten Ergebnisse notiert die Lehrerin an der Tafel. Den Kindern sind diese Treffen sehr wichtig.

1 Markiere im Text Subjekt (Satzgegenstand) und Prädikat (Satzkern) farbig.

2 Unterstreiche alle Satzglieder, die auf die Frage Wen oder was? antworten, farbig.

3 Schreibe zwei Fragen und Antwortsätze dazu auf und unterstreiche.

Wen oder was übernehmen die Kinder?
Die Kinder der Klasse übernehmen Aufgaben.

4 Unterstreiche die beiden Wem?-Ergänzungen farbig.

5 Schreibe auch hier die Fragen und Antwortsätze auf und unterstreiche.

Wem

SB S. 27

Die Wuppertaler Schwebebahn

In Wuppertal gibt es ein besonderes Verkehrsmittel – die Schwebebahn. 1898 wurde ihr Bau beschlossen. Weil die Stadt in einem schmalen Tal liegt, gab es auf dem Boden zu wenig Platz für Nahverkehrsmittel. Deshalb wich man in die Luft aus. Ungefähr 500 Eisenstützen mit einer durchlaufenden Schiene stehen seit damals in den Straßen. Die Waggons der Bahn haben auf dem Dach Räder und hängen an der Schiene. Die Bauarbeiten dauerten drei Jahre lang. Am 1. März 1901 wurde die Bahn eröffnet und verbindet seitdem die Wuppertaler Stadtteile. Mehrmals in der Stunde transportiert sie Fahrgäste aus Oberbarmen nach Vohwinkel. Vor vielen Jahren schwebte in einem der Waggons die Elefantendame Tuffi über Wuppertal. Sie sollte Werbung für einen Zirkus machen. Plötzlich durchbrach sie ein Fenster und sprang aus dem Waggon in den Fluss Wupper. Zum Glück verletzte sie sich nur leicht.

1 Unterstreiche in den Sätzen alle Ortsangaben und Zeitangaben farbig.

2 Trage sie passend in die Zeilen ein.

Wo? ______________________________

____

____

Woher? ______________________________

Wohin? ______________________________

____

Wann? ______________________________

Wie lange? ______________________________

Wie oft? ______________________________

Seit wann? ______________________________

SB S. 31

Geburtstagsspiel

Tom feiert Geburtstag. Jedes Kind bekommt einen Umschlag mit Wortkarten, mit denen es einen Satz bilden kann. In jedem Umschlag gibt es ein Wort zu viel.

1 Finde die richtigen Sätze und schreibe sie auf.

Matte du Heute
Hampelmann der
hast auf machen
einen darfst

jetzt den du
Stuhl auf
Setz dich

zu ein Lerne
auswendig bis
alle Gedicht
morgen Hause

Stuhl durch
Stuhlkreis Krieche
sofort im unter
dem Wörter

Singe in Lied
gefunden der
dem auf ein
Hof Pause

2 Bilde aus den übriggebliebenen Wortkarten einen Satz. Wie heißt er?

3 Unterstreiche in den Sätzen Prädikat (Satzkern) und **Wen oder was?**-Ergänzung.

4 Kreise in den Sätzen Ortsangaben und Zeitangaben farbig ein.

SB S. 31

Im Schlaraffenland

1 Hier sind die Silben durcheinandergeraten.
Bilde Verben und setze sie in der richtigen Form ein.

schlab schen lut knab sau na schen pro gen bern ren bern bie

Schwebt man mit einem Ballon über das Schlaraffenland, kann man Unglaubliches entdecken. Kätzchen ______________ ihre Milch aus Springbrunnen.

Ein kleiner Junge ______________ Nüsse von einem Lebkuchenhäuschen.

Eine Familie ______________ von vorbeifliegenden Brathähnchen.

Kinder ______________ an großen Zuckerpalmen und Babys ______________ Milch aus Riesenmakkaroni. Was würdest du gerne ______________?

2 In diesem Buchstabengitter sind zehn Wörter zum Wortfeld essen und trinken versteckt. Suche waagerecht und senkrecht.

S	C	H	L	A	B	B	E	R	N	G	R	E	N	N	E	N	C	B	A
C	L	L	A	H	B	O	X	A	G	L	E	D	D	C	V	B	J	O	D
H	C	X	Y	B	N	K	L	O	H	Ö	R	Q	A	S	Y	C	B	L	U
L	A	U	F	E	N	D	S	Ü	F	F	E	L	N	E	E	W	Q	F	P
Ü	H	E	Z	E	R	C	C	B	K	F	F	M	J	V	B	T	G	T	F
R	H	N	E	T	B	A	H	W	J	E	H	K	N	A	B	B	E	R	N
F	E	U	Y	Ö	E	H	L	Ö	V	L	K	V	D	W	L	Q	V	A	Z
E	D	C	O	P	T	Z	I	K	R	N	W	D	Ä	T	R	F	W	M	I
N	P	K	K	K	B	H	N	P	S	I	I	O	V	F	J	N	W	P	E
Q	G	E	H	E	N	I	G	A	E	S	A	U	G	E	N	A	H	E	G
E	L	L	Z	R	C	W	E	F	H	K	L	M	W	Q	A	Ö	P	L	H
Ä	I	N	R	T	R	I	N	K	E	N	I	Ä	E	E	S	S	E	N	A

____

____

3 Achtung, du findest noch vier andere Verben.
Aus welchem Wortfeld stammen sie? Wortfeld ______________

SB S. 36

ß oder ss? – Das ist hier die Frage!

1 Denke nach und setze ß oder ss richtig ein.

Herr Meyer kauft auf seiner Reise einen

gro____en Strau____ Rosen für seine Frau,

Sü____igkeiten für seine Tochter und

eine Ra____el für seinen kleinen Sohn.

Schon als er zu Hause den Schlü____el ins Schlo____ steckt,

begrü____t ihn seine Familie, die ihn sehr vermi____t hat.

Die kleine Lisa rei____t sofort die Tafel Schokolade auf

und bei____t genü____lich davon ab.

Herr Meyer äu____ert gerührt: „Ich habe fast verge____en, wie schön es zu Hause ist!“

2 Zu jedem Nomen gehört ein Verb. Ergänze und kontrolliere.

Nomen	Grundform	einfache Vergangenheit
der Schuss	*schießen*	ich *schoss*
der Fluss		er
der Riss		sie
das Fressen		es
der Kuss		wir
der Hass		ihr

3 Sprich deutlich und markiere in der Tabelle den Selbstlaut oder Umlaut.

Vor ss sprichst du den Selbstlaut oder Umlaut kurz, vor ß klingt er lang: wissen, grüßen

SB S. 37

Zusammengesetzte Wörter

1 Setze zusammen. Welche Wortart entsteht?
Unterstreiche Nomen, Verben und Adjektive farbig.

glatt
die Erdbeere
die Zitrone
speisen
blitzen
die Sahne
trocken

der Zapfen
laufen
kalt
der Tee
die Bahn
blau
frei

das Glatteis, ____________________

____

____

____

2 Im Text findest du 10 verschiedene zusammengesetzte Wörter. Unterstreiche sie.

Der Reißverschluss – eine geniale Idee

Der Amerikaner Whitcomb Judson wollte seine Schuhe nicht mehr umständlich zubinden. Deshalb entwickelte er einen Hakenverschluss für Schuhe, der aus Metallketten mit einem Schiebeverschluss bestand.
Der Schwede Gideon Sundback rätselte monatelang, wie er die Erfindung verbessern könnte, und erfand 1913 den Reißverschluss, wie wir ihn kennen.
Auch im Straßenverkehr gibt es übrigens das Reißverschluss-Prinzip: So fädeln sich an Baustellen Autofahrer abwechselnd auf eine Fahrbahn ein. Wenn das nicht klappt, gibt es einen Stau – so wie bei einem Reißverschluss, der klemmt!

3 Aus welchen Wortarten sind die Wörter zusammengesetzt?
Markiere Nomen, Verben und Adjektive in unterschiedlichen Farben.
Schreibe so in dein Heft: *der Reißverschluss = reißen + der Verschluss*

4 Bilde selbst zusammengesetzte Wörter und bestimme die Wortarten.

SB S. 41

Briefe schreiben

1 Die Klasse 4a hat in ihrem Brief an den Autor Jürgen Banscherus einiges vergessen. Ergänze die Lücken und setze die Höflichkeitspronomen richtig ein.

Wir würden uns sehr über Ihre Antwort freuen.

Ihre Klasse 4a

Stimmt das wirklich?

Mit freundlichen Grüßen

Sehr geehrter Herr Banscherus

Neustadt, 25.11.11

Wir haben in der Schule eines Ihrer Bücher gelesen.

___

___!

___

___

Alle waren von ___ Geschichte über den kleinen Detektiv Kwiatkowski ganz begeistert. Das Tolle an ___ Buch war, dass auch Kinder, die normalerweise nicht so gern lesen, eifrig mitgelesen haben.

Wir haben ___ Homepage besucht und gelesen, dass ___ gern in die Grundschule gegangen sind. ___ Es war beruhigend, zu lesen, dass ___ auch einmal sitzen geblieben sind und eine Fünf in Mathe hatten. Dafür liegt ___ das Schreiben von Büchern wohl umso mehr.

Auf ___ Homepage haben wir auch entdeckt, dass ___ noch viel mehr Bücher geschrieben haben und dass ___ manchmal auch Schulen besuchen.

Wir würden uns alle sehr freuen, wenn ___ demnächst einmal für die Kinder unserer Schule aus einem ___ Bücher vorlesen könnten und uns erzählen, wie ___ auf all die tollen Ideen gekommen sind. Bitte nennen ___ uns einen Termin, an dem eine Autorenlesung in unserer Schule stattfinden kann.

___

___

___

___ der Grundschule Neustadt

SB S. 43

Praktische Erfindungen

1 Setze ein passendes Bindewort ein.
Markiere das Komma und die Bindewörter farbig.

Die Spülmaschine wurde erfunden, ____________ man nicht mit der Hand spülen muss. Das Bügeleisen hilft uns, ____________ die Wäsche glatt wird. Die Eisenbahn ist eine tolle Erfindung, ____________ wir damit Güter transportieren können. Das Handy wurde erfunden, ____________ wir auch unterwegs telefonieren können. ____________ das Radio erfunden wurde, konnte man sich nur aus der Zeitung informieren. Wir können mit vielen Menschen auf der Welt Kontakte knüpfen, ____________ es das Internet gibt.

seit | damit | bevor | dass | weil | damit

2 Markiere alle Bindewörter farbig.

Schrumpfungsbonbons
Schrumpfungsbonbons sind eine tolle Erfindung, da sie dir in vielen Situationen nützen können. Sobald du sie gelutscht hast, schrumpfen sie dich klein.
Du bist dann so klein, dass du in ein Federmäppchen passt.
Dort kannst du deinem Freund vorsagen, wenn er abgefragt wird.
Deine Lehrerin kann nicht mit dir schimpfen, weil sie dich nicht sieht.
Praktisch, oder?

3 Denke dir noch mehr Vorteile der Schrumpfungsbonbons aus und begründe sie.
Verwende Bindewörter.

____

____

____

____

____

SB S. 45

Wortfeld machen

1 Setze passende Wörter aus dem Wortfeld machen ein.

Haushaltsroboter gibt es wirklich. Sie werden von speziellen Firmen __________.
Schon vor mehr als 40 Jahren __________ man die ersten Roboter. Bald sollen solche Roboter so verbreitet sein wie Computer. Die hoch entwickelten Geräte können viele Arbeiten in der Küche und im Haushalt __________.
Zum Beispiel __________ sie den Boden sauber und __________ das Essen von selbst. Den Rasen im Garten __________ sie auch gleichmäßig.
Manche Roboter __________ das Geschirr sauber, __________ die Wäsche glatt und können sogar Dosen __________.
Wäre es nicht praktisch, wenn der Roboter auch noch deine Hausaufgaben __________ könnte?
So etwas muss wohl noch erfunden werden …

herstellen · wärmen · mähen · spülen · bügeln · verrichten · öffnen · entwickeln · erledigen · wischen

2 Was macht Robby, der Roboter?
Schreibe passende Sätze mit Wörtern aus dem Wortfeld machen auf.

Er __________

____

____

____

____

____

Zusammengesetzte Wörter

1 Aus zwei mach eins! Bilde zusammengesetzte Wörter.

spülen + der Lappen = *der* ____________________

lesen + das Erlebnis = ____________________

gehen + die Hilfe = ____________________

schreiben + das Blatt = ____________________

blicken + der Kontakt = ____________________

schminken + der Kasten = ____________________

schlafen + der Forscher = ____________________

2 Schreibe in <u>einem</u> Wort. Markiere die Nahtstelle farbig.

Den Gipfel eines Berges nennt man ____________________.

Die Tür zu einer Werkstatt ist eine ____________________.

Ein Ring, den man im Ohr trägt, ist ein ____________________.

Die Lampe in einem Stall ist eine ____________________.

3 Bilde zusammengesetzte Wörter. Achte auf die Nahtstelle.

____

____

____

____

____

____

4 Aus welchen einzelnen Wörtern bestehen diese Nomen?
Schreibe so ins Heft: *Schifffahrtsweg = das Schiff + die Fahrt + der Weg*

Hausarbeitsschürze — Straßenbahnfahrer — Schnellzuggleis — Baumfällarbeiten — Fußballfeld — Hausaufgabenhilfe

SB S. 51

Flei__ige Köche

Jonas und Marie machen heute für ihre Mutter eine Überraschung.
Sie wollen einen sü__en Obststrudel mit Vanilleso__e machen,
weil sie Geburtstag hat. Am Vormittag haben die Kinder einige Kochzutaten
im Supermarkt besorgt: Puddingpulver, Frischmilch, tiefgefrorenen Apfelstrudel
und Puderzucker. Bald kann der Spa__ beginnen. Bevor sie anfangen,
machen sie heimlich die Küchentür zu, denn die Mutter soll nichts davon wi__en.
Nachdem sie die Papierverpackung des Strudels aufgemacht haben, schieben sie
ihn in den vorgeheizten Backofen und la__en ihn drei__ig Minuten backen.
Sie gie__en etwas Milch in einen Me__becher, während der Strudel langsam
hei__ wird. Mit ein wenig Milch rühren sie gewi__enhaft das Puddingpulver an,
da es keine Klumpen geben soll. Marie macht die Milch auf der Kochplatte warm.
Als Jonas alles in einen Topf schütten will, pa__t die Flü__igkeit kaum hinein.
Aus der Küche dringt bereits nach kurzer Zeit ein unvergleichlicher Apfelduft
nach drau__en. Später macht Marie die Ofentür auf. Sie nimmt den goldbraunen
Strudel mit einem Topflappen so vorsichtig heraus, da__ sie sich nicht verbrennt.
Schlie__lich ist die Überraschung fertig.
Am liebsten würden die beiden gleich hineinbei__en!

1 Setze in die Lücken ss oder ß richtig ein.

2 Unterstreiche alle Ortsangaben und Zeitangaben farbig.

3 Kreise alle Bindewörter im Text mit Bleistift ein.

4 Ersetze machen durch passende Wörter aus dem Wortfeld.
Schreibe die verbesserten Sätze richtig in dein Heft.

5 Finde noch drei weitere Wörter aus dem Wortfeld machen.

6 Unterstreiche alle zusammengesetzten Wörter im Text.

7 Schreibe die zusammengesetzten Wörter so in dein Heft:
der Obststrudel = das Obst + der Strudel, ...

SB S. 51

Gegenwart – Vergangenheit

Verben kannst du in verschiedenen Zeitformen verwenden.

1 Welche Wörter gehören zusammen? Male sie in der gleichen Farbe an.

wir kämmen · ich beiße · er bog · es hat gefressen · sie rieten · du kamst · sie haben geraten · ihr seid geklettert · du kommst · du grüßtest · du bohrst · ich habe gebissen · du hast gebohrt · du gehst · ihr klettert · du bohrtest · wir kämmten · sie raten · ich biss · es fraß · er hat gebogen · er biegt · du bist gegangen · du gingst · wir haben gekämmt · du grüßt · ihr klettertet · du hast gegrüßt · du bist gekommen · es frisst

2 Trage die Wörter in die Tabelle ein.

Gegenwart	einfache Vergangenheit	zusammengesetzte Vergangenheit
wir kämmen	wir kämmten	wir haben gekämmt

3 Suche weitere Verben aus der Wörterliste und schreibe sie in den drei Zeitformen auf.

SB S. 55

Ronja und Birk

Hier kannst du lesen, wie Ronja aus der Mattisburg und Birk von der Borkasippe sich zum ersten Mal treffen:

Da sah er sie und lachte auch. „Ich weiß, wer du bist“, sagte er.
„Du bist die Räubertochter, die immer im Wald rumrennt.“
„Wer bist du denn?“, fragte Ronja. „Ich bin Birk Borkasohn und ich wohne hier. Wir sind heute Nacht hier eingezogen.“
Ronja starrte ihn an. „Wer wir?“
„Borka und Undis und ich und unsere zwölf Räuber.“
Es dauerte eine Weile, bis sie das Unerhörte begriff, das er da gesagt hatte.
Schließlich sagte sie: „Willst du etwa behaupten, dass die ganze Nordburg voller Hosenschisser ist?“
Er lachte: „Nein, hier gibt es nur rechtschaffene Borkaräuber. Aber da drüben, wo du wohnst, da ist es knüppelvoll von Hosenschissern, das hat man ja immer gehört.“
„Im Übrigen“, sagte Birk, „ist das hier nicht länger eine Nordburg. Von heute an heißt sie Borkafeste. Versuch dir das zu merken!“
Ronja schnappte nach Luft, so fuchsteufelswild war sie. „Potz Pestilenz“, rief sie, „warte nur, bis das Mattis zu Ohren kommt, dann fahren alle Borkaräuber zum Donnerdrummel!“
„Das glaubst du!“, sagte Birk.
Aber Ronja dachte an Mattis und ihr grauste.

Astrid Lindgren

1 Lies das Gespräch und kennzeichne farbig, was Ronja und Birk sagen.

2 Markiere alle Redezeichen.

3 Unterstreiche die Redebegleitsätze so: vorangestellt
eingeschoben
nachgestellt

4 Findest du auch wörtliche Rede ohne Begleitsatz?
Woher weißt du, wer spricht?
Schreibe diese Sätze mit passenden Redebegleitsätzen in dein Heft.

Lieblingsgeschichten

1 Hier kannst du deine Lieblingsgeschichte vorstellen.

Meine Lieblingsgeschichte

Titel: ____________________

Autor: ____________________

Illustration: ____________________

Verlag: ____________________

Male zum Buch:

Art der Geschichte: ____________________

Wer sind die Hauptpersonen? ____________________

____

____

Worum geht es? ____________________

____

____

Was hat dir besonders gut gefallen? ____________________

____

____

2 Gestalte selbst ein solches Blatt zur Buchvorstellung mit schönem Schmuckrahmen und den Merkmalen, die dir bei einer Geschichte wichtig sind.

Sammelt eure Buchvorstellungen in einem Ordner. So könnt ihr euch über neue Bücher informieren.

SB S. 59

Wörtliche Rede

Als alle schlafen, treffen sich Oksana und Merlin vor der Zaubertür zur Hexenküche.

Oksana fragt Hast du an deinen Zauberstab gedacht

Merlin antwortet Na klar, den trage ich doch immer bei mir

Oksana murmelt Ich bin so gespannt, wie es da drinnen aussieht

Merlin stimmt ihr zu Ja, ich kann es auch kaum noch erwarten

Oksana meint Hoffentlich finden wir auch das Zaubersalz

Merlin raunt Es ist in einer goldenen Dose mit Edelsteinen auf dem Deckel

Oksana flüstert Versprich dich jetzt bloß nicht wieder beim Zauberspruch

Merlin kichert Nein, noch einmal möchte ich nicht voller Krötenschleim sein

1 Unterstreiche die wörtliche Rede und ergänze die fehlenden Satzzeichen.

2 Schreibe das Gespräch mit nachgestellten oder eingeschobenen Redebegleitsätzen. Achte auf die Satzzeichen und markiere.

„Hast du an den Zauberstab gedacht?", fragt Oksana.

3 Welche Wirkung könnte das Zaubersalz haben?

SB S. 64

Verflixte Hexerei!

1 Was kocht da im Hexenkessel? Ordne zu und markiere die Merkstelle.

gs	x	ks	cks	chs

2 Wie viele Wörter mit x-Laut findest du auf dem Zauberteppich? Kreise mindestens zehn ein. Suche waagerecht und senkrecht.

A	L	L	E	R	D	I	N	G	S	B	T	C	E
D	H	G	F	M	L	N	I	P	E	R	A	T	X
F	L	U	G	S	V	Z	X	S	C	F	X	D	T
C	T	O	C	H	S	E	E	G	H	K	I	M	R
L	P	N	R	T	R	I	C	K	S	E	N	T	A
W	A	C	H	S	E	N	W	B	Ü	C	H	S	E

3 Schreibe die Wörter auf und kontrolliere mit dem Wörterbuch. Markiere die Merkstellen.

SB S. 65

Wortfelder

1 Färbe alle Wörter aus dem Wortfeld Gefühle / fühlen gelb, aus dem Wortfeld sagen rot und aus dem Wortfeld gehen blau.

2 Schreibe mindestens drei Sätze, in denen jeweils ein oder mehr Wörter aus diesen Wortfeldern vorkommen.

SB S. 68

Darf ich vorstellen?

1 Schreibe einen Kurz-Steckbrief über eine Freundin oder einen Freund.

Steckbrief

Name: ______________________

Geburtsdatum: ______________________

Augenfarbe: ______________________

Größe: ______________________

Hobbys: ______________________

__________: ______________________

____

__________: ______________________

____

__________: ______________________

____

SB S. 72

Die vier Fälle

1 Hier passen immer eine Frage und eine Antwort zusammen.
Male sie in derselben Farbe an. Nomen geben dir die Antwort.
Unterstreiche sie und bestimme den Fall.

Wessen Spiele sind meist wilder?

Wer oder was hat oft Streit auf dem Schulhof ?

Wem bringen die Kinder ihre Fundsachen?

Wen oder was machen viele Eltern glücklich?

Wer oder was hat ein Streitschlichterprogramm?

Wessen Kleidungsstücke findet man oft in Verkleidungskisten?

Wem bringt Jan den Ball?

Wen oder was gewinnt Lisa?

Viele Eltern machen ihre Kinder glücklich, wenn sie etwas mit ihnen unternehmen.

________-Fall

Die Spiele der Jungen sind meist wilder.

________-Fall

Nach der Pause bringen die Kinder dem Hausmeister ihre Fundsachen.

________-Fall

Leider haben viele Jungen und Mädchen oft Streit auf dem Schulhof.

________-Fall

Lisa gewinnt den Waveboard-Wettbewerb an ihrer Schule.

________-Fall

Manche Schulen haben ein Streitschlichterprogramm.

________-Fall

Die Kleidung vieler Großeltern findet man oft in Verkleidungskisten.

________-Fall

Jan bringt dem Schulhund Mira den Ball.

________-Fall

SB S. 75

Nabilas Geschichte

1 Setze die passenden Nomen ein. Manchmal musst du auch an den Artikel denken. Frage nach dem Nomen und schreibe den Fall dahinter.

Gefühle · Tagebuch · Freundin · neue Mitschülerin · Hausaufgaben · Nachbarn

Nabila erzählt:

Oft ist es nicht leicht, über ______________ (________-Fall) zu sprechen.

Deshalb hatte ______________ (________-Fall) meiner Schwester eine gute Idee. Seitdem schreibe ich fast jeden Tag ______________ (________-Fall).

Am Sonntag habe ich Folgendes hineingeschrieben:

Morgen gebe ich ______________ (________-Fall) meine Telefonnummer. Vielleicht ruft sie an und wir können zusammen ______________ (________-Fall) machen.

Oder wir können den Hund ______________ (________-Fall) spazieren führen.

2 Wähle ein Nomen aus und bilde damit vier Sätze. Das Nomen muss immer in einem anderen Fall stehen.

Nabila · Trampolin · Hüpfball · Feuerwehr

____

____

____

____

SB S. 76

Wörter mit Dehnungs-h

1 Alle dargestellten Begriffe enthalten ein Dehnungs-h.
Schreibe alle Nomen mit Artikel auf.

2 In jeder Buchstabenreihe verstecken sich zwei Wörter mit Dehnungs-h.
Markiere und schreibe auf:

MÄHKAHNNE   BOHRBAHNMASCHINE   DRAHTFAHNENZAUN
WINDSAHNEMÜHLE   ZAHNOHRARZT
FAHRSTRÄHNENRAD   GEBÜHNEFAHR   FEHGEFÜHLLER

Mähne, Kahn,

3 In diesem Silbenrätsel sind neun Verben mit hn versteckt. Schreibe sie auf.

~~mah~~ gäh loh ah deh stöh ~~er~~ nen nen nen woh
~~nen~~ nen nen nen söh ver ver be nen wöh nen

ermahnen,

Dehnungs-h für Profis

1 Hier musst du Lücken schließen. Verwende die Bausteine und bilde Wörter.
Achtung: Manchmal sind verschiedene Lösungen richtig!

ah eh oh uh äh üh

st___len	w___len	bel___nen	k___ren
n___men	ungef___r	s___r	z___len
Dr___t	b___ren	k___l	F___ler

2 Schreibe drei Sätze in dein Heft. In jedem Satz sollten mindestens zwei Wörter mit Dehnungs-h vorkommen.

3 Schreibe zu den Wortstämmen mindestens zwei Beispiele aus der Wortfamilie.

fahr

____

____

bohr

____

____

4 Setze in / ihn und im / ihm richtig ein.

Tilo hört heute ________ Wohnzimmer seine Lieblingsmusik.

Mama fragt ________: „Was gefällt dir denn so gut daran?
Ich finde das nicht toll.“

Das ist Tilo aber egal, denn ________ gefällt der neue Hit.

Tilo ruft: „Dann gehe ich eben ________ mein Zimmer!“

SB S. 79

Liebes Tagebuch!

Hier kommt mein gruseligster Traum.
Du erfährst im folgenden Text,
was meinem Freund Max
passierte. Also ...
Max landete gegen
sechs Uhr morgens in Afrika.
Der Zollbeamte fragte ihn:
„Was ist der Grund Ihres Besuchs?“
„Meine Tante“, antwortete Max, „hat sich den Fuß gebrochen.
Ich soll ihr bei der Arbeit helfen.“ „Was arbeitet Ihre Tante denn?“,
wollte der Beamte weiter wissen. Max berichtete kurz: „Sie züchtet hier
in Afrika auf einer Farm Eidechsen, Ochsen und Lachse.“
Um schneller vom Bahnhof zur Farm zu gelangen, nahm Max ein Taxi.
Als der Taxifahrer jedoch den Namen des Zielorts, „Quexula“, hörte,
wurde er bleich. Pausenlos zeigte er mit seinen Fingern ein **V**.
Flugs schlug Max seinen Reiseführer auf. Erleichtert rief er: „Das muss
das Zeichen für Frieden sein!“ Max lehnte sich zurück, murmelte jedoch leise
vor sich hin: „Ich habe trotzdem noch ein ganz merkwürdiges Gefühl.
Irgendetwas stimmt hier nicht!“ Gerade noch rechtzeitig entdeckte Max
auf der letzten Seite des Reiseführers die afrikanische Bedeutung des Zeichens **V**.
„Oh nein!“, stammelte er. „**V** heißt: Vorsicht, Gefahr! – Keine Faxen! Kehren Sie um!
Fahren Sie, so schnell Sie können!“, brüllte er dem Taxifahrer zu.
Da wachte ich auf, ich hatte wachsweiche Beine, zitterte am ganzen Körper
und brüllte: „Mama, hilf mir!“ Sie nahm mich lange in den Arm, beruhigte mich
und brachte mir meine Lieblingskekse.

1 Unterstreiche alle Redebegleitsätze und jede wörtliche Rede farbig.

2 Wähle zwei Beispiele mit wörtlicher Rede aus und setze den Redebegleitsatz an eine andere Stelle. Schreibe ins Heft.

3 Schreibe alle Wörter mit x-Laut und Dehnungs-h ins Heft. Markiere die Merkstelle.

4 Kreise im Text alle Nomen ein, die im Wer-Fall stehen.

SB S. 79

Eine Erlebnisgeschichte schreiben

1 Lies die Einleitung der Geschichte und überarbeite sie.
Verwende abwechslungsreiche Satzanfänge.
Vermeide Wiederholungen.
Verwende treffende Verben und Adjektive.
Die Säule hilft dir dabei.

Mein Name ist Nino. Ich besuche eine 4. Klasse in Neapel. Es war am Dienstag. Wir machten einen Ausflug. Wir fuhren nach Pompeji. Wir fuhren mit dem Bus. Ein Fremdenführer sagte uns die Geschichte der Stadt und dann führte er uns zu verschiedenen Häusern und dann noch auf den Marktplatz.

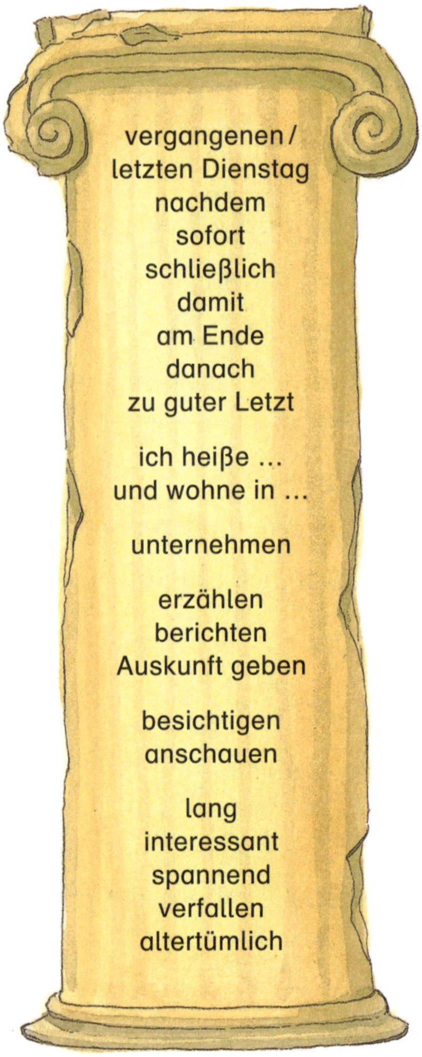

2 Überarbeite den Hauptteil der Geschichte.
Gestalte ihn mithilfe der wörtlichen Rede aus.
Die Säule hilft dir dabei.

Dann machten wir am Marktplatz Pause. Wir essen Brote und trinken und beim Zählen der Kinder sagt unsere Lehrerin: „Marina fehlt! Hat sie jemand gesehen?“ Luca schaute mich an. Ich schaute Luca an. Und dann haben wir Nein gesagt. Dann haben wir Marina gesucht und überall nachgeschaut. Wir haben sie dann gefunden. Sie war in einem Haus und schaute sich Wandzeichnungen an.

Glücklich erreichten wir am Abend Neapel.

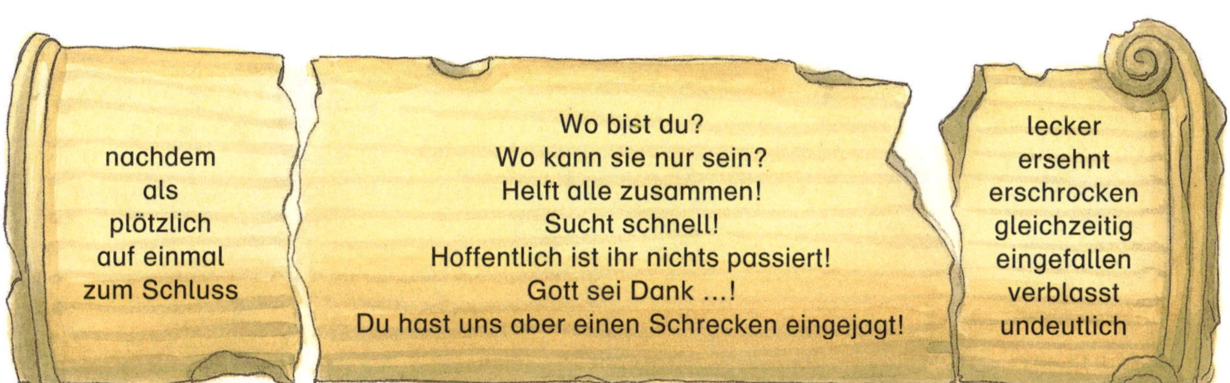

SB S. 83

Gegenwart, Vergangenheit und Zukunft

Nino macht zusammen mit seiner Klasse einen Ausflug nach Pompeji. Dort besuchen sie die alten Ausgrabungsstätten. Ein Fremdenführer erzählt ihnen die Geschichte der Stadt. Den Ausbruch des Vesuvs trägt er dabei besonders anschaulich vor. Am nächsten Tag schreiben sie eine Erlebniserzählung über ihren Ausflug.

Du bildest die Zukunft mit **werden** und der Grundform des Verbs.

1 Unterstreiche alle Verben im Text farbig.

2 Schreibe den Text in der Zukunft auf.

3 Setze die Verben in die Zukunft.

kriechen sehen

ich werde kriechen, du

SB S. 86

4 Schreibe drei Verben aus dem Text in allen Zeitformen auf, die du kennst.

er macht, er machte, er hat gemacht, er wird machen,

5 Unterstreiche das Prädikat (den Satzkern).

Gaius und seine Familie fliehen nach Rom.
Sein Onkel Marcus hilft der Familie.
Auch seine Schwester lebt dort.

Das Satzglied, das dir auf die Frage **Was tut?** oder **Was geschieht?** antwortet, nennst du **Prädikat (Satzkern)**.

6 Setze den Text in die zusammengesetzte Vergangenheit und in die Zukunft. Unterstreiche auch hier das Prädikat (den Satzkern).

7 Schreibe auf, was du nächstes Jahr machen möchtest.
Verwende dabei die Zukunft. Unterstreiche die Verben farbig.
Schreibe in dein Heft.

SB S. 87

Interviews führen

1 Stelle deinem Partner Fragen und notiere die Antworten.

Wie heißt du und wie alt bist du?

____

Wo wohnst du und in welche Schule gehst du?

____

____

____

Welche Hobbys hast du?

____

____

2 Überlege dir passende Fragen zu den Antworten.

Frage: ____

____

Antwort: Zurzeit macht mir Deutsch am meisten Spaß.

Frage: ____

____

Antwort: Am liebsten lese ich spannende Bücher, die etwas mit Geschichte zu tun haben.

Frage: ____

____

Antwort: Das Römische Reich und das Mittelalter interessieren mich am meisten.

3 Spielt euer Interview.

4 Interviewe auch noch andere Personen.

SB S. 85

Wortfamilie kaufen

1 Finde so viele Wörter wie möglich.

Wörter mit dem gleichen Wortstamm gehören zu einer Wortfamilie.

2 Sortiere die Wörter nach Wortarten.

Nomen	Verben	Adjektive

3 Suche Wörter zur Wortfamilie schließen.

Bildlich gesprochen!

Mit einer Karikatur kann man Menschen oder Situationen lustig darstellen.
Manchmal will der Zeichner mit seiner Karikatur auch etwas kritisieren.

1 Schau dir die folgenden Karikaturen an.
Beschreibe sie zunächst kurz.
Finde dann heraus, was der Zeichner damit sagen will.
Achte auch auf den Text.

„Im Sinne einer gerechten Auslese lautet die Prüfungsaufgabe für Sie alle gleich: Klettern Sie auf den Baum!"

„Eh Mann, wo hat das Ding denn seinen Kopfhöreranschluss?"

SB S. 94

Redewendungen

1 Wie heißen diese Redewendungen? Was bedeuten sie?

SB S. 97

Gut angezogen!

1 Ziehe dieser Person deine Wunschkleidung an.
Benutze verschiedene Farben und Muster.
Denke auch an die Frisur.

2 Sammle passende Wörter für die Kleidung.

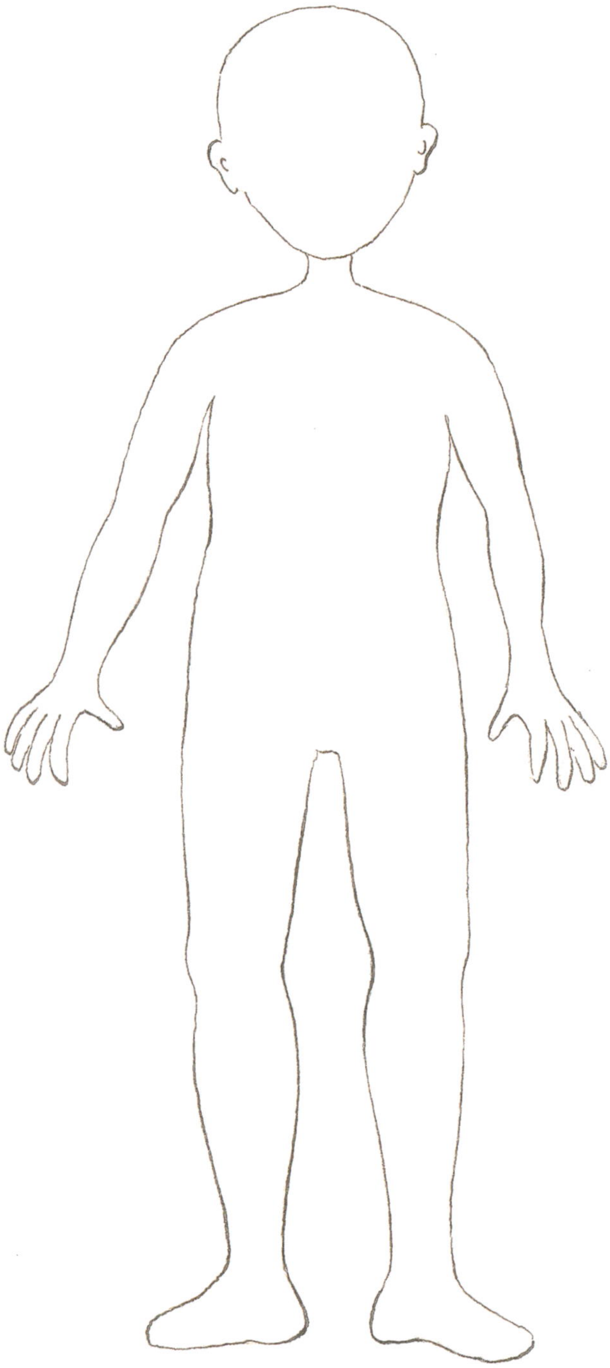

3 Beschreibe die Kleidung der Person in deinem Heft. Verwende ganze Sätze.

SB S. 98

Das Gesicht muss man sich merken!

1 Beschreibe das Gesicht des Mannes genau.

Haare/Frisur

Augen

Nase

Mund/Lippen

Augenbrauen

Wimpern

Haut

Ausdruck

Sonstiges

SB S. 99

Wörter mit V/v

1 Sprich die folgenden Wörter genau. Wie klingt V/v?
Trage richtig ein.

Vater – Vampir – Pullover – Vase – Volk – Veilchen – Kurve
Vers – Video – Vieh – Viktor – Vorhang – Klavier – Vogel

V/v klingt wie f	V/v klingt wie w

2 Verbinde die Verben mit den Vorsilben vor- / ver- und setze sie richtig ein.

vor-
ver-

+

reisen – machen – sprechen – kleiden
lesen – suchen – zeigen

Petra wollte ihr Bild nicht ____________________.

Sebastian wird im Sommer nach Italien ____________________.

Wer kann den Text ____________________?

Ob ich heute komme, kann ich dir nicht ____________________.

Vor der Aufführung müssen sich die Kinder ____________________.

Du musst es noch einmal ____________________.

Wer kann die Turnübung einmal ____________________?

SB S. 102

So hörst du das h

Bei manchen Wörtern mit h kannst du das h hörbar machen.
Verlängere und sprich in Silben:
glüht kommt von glü-hen.

Vor dem Turnier
Die Ritter aus der Ferne und aus der nahen Umgebung stehen im Kreis versammelt.
Ritter Gottfried erklärt die Regeln des Turniers. Die Fahnen wehen im Wind und erste dunkle Wolken ziehen auf. Ein Unwetter droht, den Beginn des Turniers zu gefährden. Dann war die ganze Mühe der Vorbereitung umsonst. Doch da setzt sich die Sonne durch und der hohe Klang der Fanfare kündigt den Beginn des Wettkampfs an.

1 Trage die Wörter in die Tabelle ein, bei denen du das h hörbar machen kannst. Schreibe die Wörter dabei nach Silben getrennt auf.

Verben	Nomen	Adjektive

2 Bei zwei Wörtern im Text kannst du das h nicht hörbar machen:

3 Schreibe die vier Verben in der ich-Form, du-Form und er-Form auf.

4 Bilde Verben und schreibe sie nach Silben getrennt in dein Heft.

dr	ü	hen
kr	u	hen
bl	e	hen
m	o	hen
w	ä	hen

SB S. 103

Im Theater

Die Klasse 4b geht mit ihrer Lehrerin ins Theater.
Aber es steht kein Stück auf dem Programm.
Diesmal dürfen die Kinder einen Blick hinter die Kulissen werfen. Da gibt es unglaublich viel zu sehen.
An langen Seilzügen hängen unzählige Hintergründe, aus denen der Regisseur die passenden für das Stück auswählt. In der Kleiderkammer stapeln sich Kostüme und Schuhe aus verschiedenen Zeiten, unheimliche Masken und zahllose Hüte. Leider dürfen sich die Kinder nicht damit verkleiden.
Im nächsten Raum gibt es viele Monitore, mit denen die Beleuchtung bei der Vorführung gesteuert wird. Die Kinder zerbrechen sich den Kopf, was der Kasten bedeutet, der aus dem Bühnenboden herausragt.
„Hier sitzt jemand drin, der den Text vorsagt, wenn ein Schauspieler einmal nicht weiterweiß“, erklärt der Leiter. Die Kinder verstehen jetzt besser, wie so manches auf der Bühne funktioniert.

1 Unterstreiche alle Wörter mit der Vorsilbe un- grün und kreise die Vorsilbe ein.

2 Unterstreiche alle Wörter mit den Vorsilben Vor-/vor- und Ver-/ver- farbig. Kreise die Vorsilben ein.

3 Schreibe von den gelb markierten Wörtern mit h alle heraus, bei denen du das h hörbar machen kannst. Schreibe so:

geht – ge-hen, ______________________________________

____

4 Ordne die übrigen Wörter mit Dehnungs-h nach dem Alphabet.

____

____

5 Setze die folgenden Sätze in die Zukunft. Schreibe in dein Heft.
Die Klasse geht ins Theater. Da gibt es viel zu sehen.
Wann ist die nächste Aufführung?

SB S. 103

Gedichte schreiben

Dies ist ein Sinnesgedicht.
Du kannst es für alle möglichen Orte schreiben. Mach einfach die Augen zu und stell dir vor, was du dort sehen, hören, riechen, spüren und schmecken könntest.

Am Bach
Ich sehe die Schatten der Bäume.
Ich höre das Plätschern des Wassers.
Ich rieche den Duft der Blumen.
Ich spüre die kühle Luft.
Ich schmecke die süßen Beeren.

1 Wähle einen Ort für dein Sinnesgedicht aus.

2 Schreibe und gestalte dein eigenes Sinnesgedicht.

Wolken sind gute Wetterboten

Wolken sind als Wasserspeicher und Wassertransporter wichtig für alle Lebewesen. Ihre unterschiedlichen Formen verraten uns auch, welches Wetter sie bringen können. Die hohen Federwolken kündigen oft einen Temperaturanstieg mit Regen an. Viele kleine Schäfchenwolken sind ein sicheres Zeichen für unbeständiges Wetter. An warmen Tagen entwickeln sich weiße Haufenwolken. Sie heißen Schönwetterwolken und lösen sich abends, wenn es kühler wird, wieder auf. Tiefe Schleierwolken sind in der Regel Vorboten für schlechtes Wetter. Sie bilden eine Schicht bis zum Horizont. Wenn sich dicke dunkle Gewitterwolken in den Himmel türmen, ist ein Unwetter mit Blitz, Donner und Sturmböen zu erwarten.

1 Unterstreiche Nomen, Verben, Adjektive, Artikel und Pronomen in unterschiedlichen Farben.

2 Notiere zu allen Adjektiven das Gegenteil. Kontrolliere mit dem Wörterbuch.

gut – schlecht, ______________________________

____

____

____

____

____

3 Suche mindestens drei Verben heraus und schreibe sie in allen Personalformen der Gegenwart in dein Heft.

ich | du | er/sie/es | wir | ihr | sie

SB S. 108

Wie wird das Wetter?

		fallen
Während der Nacht	der Wind	bedeckt sein
Am Morgen	die Bewölkung	steigen
Im Laufe des Vormittags	die Schauer	nachlassen
Gegen Mittag	der Himmel	sich auflockern
Nachmittags	die Temperaturen	abnehmen
Am Abend	die Niederschläge	wehen
	der Nebel	sich verdichten
		zunehmen

1 Suche Satzbausteine für deinen Wetterbericht aus und kennzeichne deine Auswahl mit unterschiedlichen Farben.

2 Schreibe nun deinen Wetterbericht in ganzen Sätzen. Verwende die Gegenwartsform.

3 Ergänze die Zukunftsform der Verben.

die Sonne scheint – *wird scheinen*

ein Unwetter kommt – ______

der Wind frischt auf – ______

Nachtfrost ist möglich – ______

der Himmel bleibt klar – ______

die Hitze hält an – ______

die Stürme hören auf – ______

4 Setze deinen Wetterbericht aus Aufgabe 2 in die Zukunftsform.

SB S. 110

Adjektive steigern

schön frisch kalt schwül trüb unangenehm neblig

1 Schreibe diese Adjektive mit ihren Vergleichsstufen auf.

2 Finde passende Adjektive für die Lücken. Kontrolliere mit dem Wörterbuch.

In Italien ist es __________ als am Nordpol.

Ferien sind viel __________ als Schule.

Eine Giraffe ist __________ als ein Elefant.

Mein Bruder rennt so __________ wie ich.

Sie ist so __________ wie eine Wand.

Meine Freundin ist so __________ wie ich.

3 Setze passende Adjektive aus Aufgabe 1 ein. Entscheide: als oder wie?

Im Winter ist es __________ ______ im Sommer.

Heute ist es so __________ ______ im Regenwald.

Im Wald ist die Luft __________ ______ in der Stadt.

Am Morgen war es so __________ ______ in einer Waschküche.

Diesen Sommer ist das Wetter noch __________ ______ letztes Jahr.

4 Wann verwendest du als, wann wie? Finde eine Regel.

SB S. 111

Spaß am Bach!?

1 Jede der Personen erlebt diese Situation anders.
Schreibe auf, was sie in diesem Moment denken könnten.

2 Wähle eine Person aus. Erzähle aus ihrer Sicht, was passiert ist. Die Wörter in den Steinen können dir helfen. Schreibe in der einfachen Vergangenheit.

Stein, kippen, lachen, lustig, Gleichgewicht, gemein, wackeln, schwindelig, Quatsch, fallen, Schreck, Schmerzen, nass, besorgt

3 Schreibe die Szene, wie sie ein fremder Beobachter erzählen würde.

SB S. 113

Wir unterscheiden dass und das

viel Spaß
tolles Training
gutes Wetter

Ich hoffe	Ich meine
Ich glaube	Ich denke
Ich weiß	Ich möchte

neue Freunde
netter Trainer
viel lernen

1 Jakob und Christian fahren bald mit dem Schwimmverein ins Trainingslager.
Bilde mit den Satzbausteinen Sätze, ergänze passend und markiere farbig.

Ich hoffe, dass wir ______________________

____

____

____

____

____

2 Was muss eingepackt werden?
Schreibe die Nomen mit Artikel auf und unterstreiche die Artikel.

das Schwimmzeug, ______________________

____

____

____

____

____

Schwimmzeug
Trainingsanzug
Turnschuhe
Regenjacke
Waschzeug
Schlafanzug
Socken
Wäsche
Mäppchen
Heft
Buch
Kartenspiel

3 Setze das und dass richtig ein.

______ Trainingslager war toll. Sie hatten auch Glück, ______ ______ Wetter hielt.

Jakob hätte nie gedacht, ______ er so viel lernen würde. ______ Schwimmbad

hatte sogar einen großen Sprungturm. Am besten fanden die Freunde aber,

______ sie im gleichen Zimmer waren.

SB S. 115

Das kann ich jetzt!

Liebe Mama, lieber Papa!

Das Trainingslager ist toll. Wir haben ein gemütliches Viererzimmer mit Stockbetten und eine Menge Spaß. Ab morgen trainieren Chris und ich in der schnellsten Gruppe. Unser Trainer heißt Alex. Er lässt uns nicht den kleinsten Fehler durchgehen. Am Freitag gibt es einen Abschlusswettkampf. Da sehen wir ja dann, welche Mannschaft am besten schwimmt. Ich glaube, dass Chris das Einzelrennen gewinnt. Abends sind wir alle unheimlich müde und haben einen riesigen Hunger. Zum Glück gibt es immer leckeres Essen. Morgen machen wir einen Ausflug zu einem Naturlehrpfad in den Wald. Ich hoffe, dass das Wetter hält. Dann machen wir nämlich am Freitag noch eine tolle Nachtwanderung mit Fackeln.
Ich vermisse euch! Bis bald!

Euer Jakob

1 Unterstreiche im Text alle Artikel, Nomen, Verben, Adjektive und Pronomen.

2 Wähle zwei Adjektive aus und setze sie in die Vergleichsstufen.

__________ __________ __________

__________ __________ __________

3 Suche zwei Sätze im Text, die in der Gegenwartsform geschrieben sind, aber von der Zukunft sprechen. Markiere sie farbig.

4 Schreibe die beiden Sätze mit dem Bindewort dass in dein Heft.
Kreise dort dass und das farbig ein und markiere das Komma.

5 Setze passend ein: wie oder als?

Das Training ist so toll ______ im letzten Jahr. Jakob schläft im gleichen Zimmer ______ sein Freund. Chris schwimmt schneller ______ Jakob. Er ist abends so müde ______ alle. Das Wetter ist besser ______ erwartet. Das Essen ist fast so gut ______ zu Hause.

SB S. 115

Meer und mehr

Swantje hält einen Vortrag über ihr Lieblingsthema.
Alle hören ihr gespannt zu:

Seerose, Seenelke, Seepocke und Keulenpolyp sind Meerestiere.
Sie sehen aus wie Pflanzen. Deshalb nennen wir sie auch Blumentiere.
Der Meeresboden gibt ihnen Schutz. Dort leben sie meist auf Korallen.
Sie fressen winzige Tiere und Pflänzchen, das Plankton.

1 Unterstreiche im Text Subjekt (Satzgegenstand), Prädikat (Satzkern), Wem?-Ergänzung und Wen oder was?-Ergänzung in unterschiedlichen Farben.

2 Schreibe folgende Sätze zu Ende.
Setze passende Ergänzungen deiner Wahl ein.

Die Kinder schützen ______ (Wen oder was?).

Swantje hilft ______ (Wem?).

Pit singt ______ (Wem?)

______ (Wen oder was?) vor.

Der Kescher gehört ______ (Wem?).

Der junge Seehund folgt ______ (Wem?).

Alle vier Schulkinder von Hallig Hooge besuchen ______

______ (Wen oder was?).

SB S. 122

Mit W-Fragen unterwegs

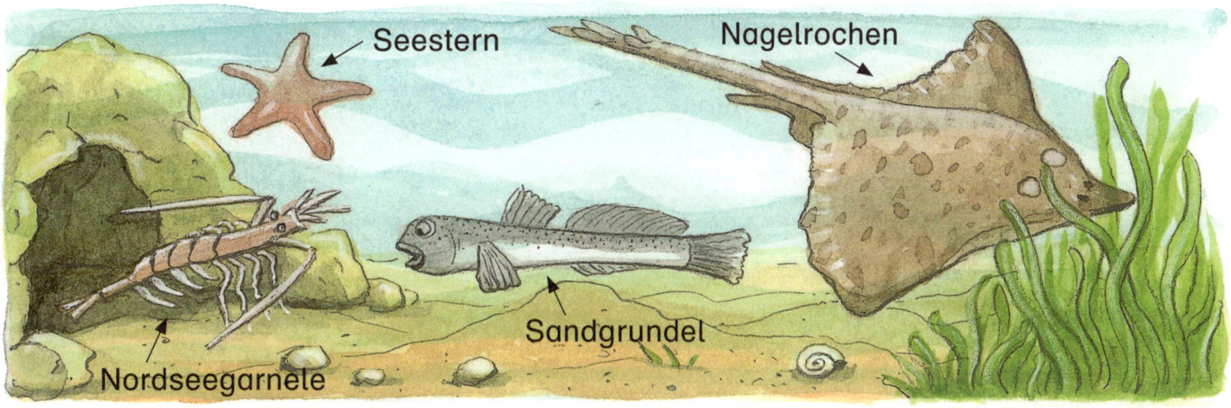

1 Überlege dir mit den Fragewörtern Fragen zum Bild und schreibe die Antworten dazu auf. Unterstreiche die Ortsangaben farbig.

Wohin? Wo? Woher?

2 Unterstreiche alle Zeitangaben farbig.

Wann? Wie oft? Wie lange?

An der Nordsee gibt es zweimal täglich Ebbe und Flut. Der Mond beeinflusst bei Tag und Nacht das Kommen und Gehen des Meeres. Aber Vorsicht! Die Gezeiten sind unberechenbar und das Wetter kann sich von einer Minute zur nächsten ändern. Besonders gefährlich sind große Priele, die in wenigen Sekunden volllaufen können. In den Sommermonaten werden deshalb morgens und abends Wattwanderungen angeboten. Erfahrene Meeresbiologen führen Interessierte ein bis zwei Stunden lang durch die Wunderwelt des Watts.

3 Schreibe mindestens zwei Sätze auf, die eine Ortsangabe und eine Zeitangabe enthalten.

SB S. 122

Gemischtes Allerlei

PIT | ALLEN | SAAL | HEUTE | ABEND | IM | HALLIGGESCHICHTEN | ERZÄHLT

1 Bilde aus diesen Wörtern einen Satz.

2 Schreibe denselben Satz noch viermal auf. Dabei soll immer ein anderes Satzglied am Anfang stehen.

3 Unterstreiche in deinen Sätzen jeweils das erste Satzglied und frage danach.

SB S. 123

Welche Nachsilbe passt?

1 Verbinde und verwende für jedes neu entstandene Wort eine andere Farbe.

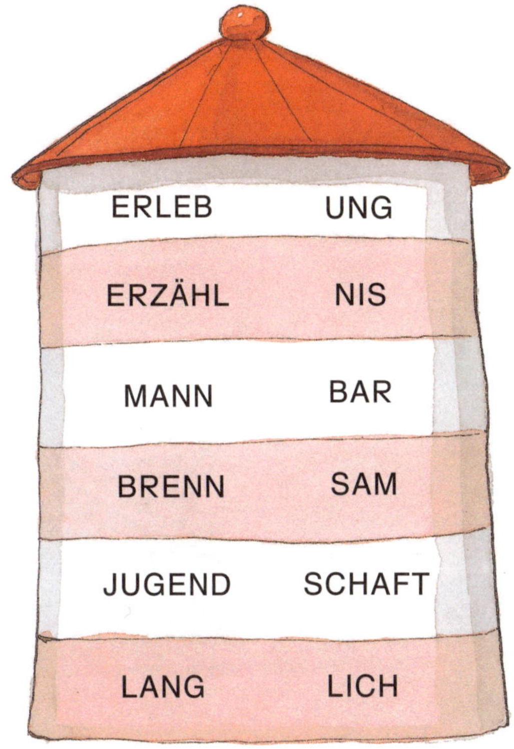

2 Sortiere alle Wörter nach Wortarten.

Nomen: ______________________

____

____

____

Adjektive: ______________________

____

3 Bei welchen Nachsilben entstehen Nomen, bei welchen Adjektive?

____

____

____

Achtung, doppelter Selbstlaut!

Wörter mit doppeltem Selbstlaut musst du dir merken.

1 Suche im Rätsel mindestens 14 Wörter mit doppeltem Selbstlaut und schreibe sie auf. Sie sind waagerecht und senkrecht zu finden.

U	L	V	L	I	O	T	J	X	T	S	M	L
K	O	W	A	A	G	E	O	A	S	A	A	L
W	I	B	R	M	M	E	E	R	O	N	N	I
M	O	O	S	O	H	R	T	S	E	E	L	E
A	K	O	C	O	A	L	E	E	R	E	K	U
T	L	T	S	R	A	F	S	C	H	N	E	E
U	E	E	D	I	R	B	E	E	R	E	N	H
R	E	A	B	C	E	G	K	A	A	L	S	T

2 Hier wurden die Wörter falsch zusammengesetzt. Du kannst es besser. Schreibe die richtigen Wörter nach dem Alphabet geordnet auf.

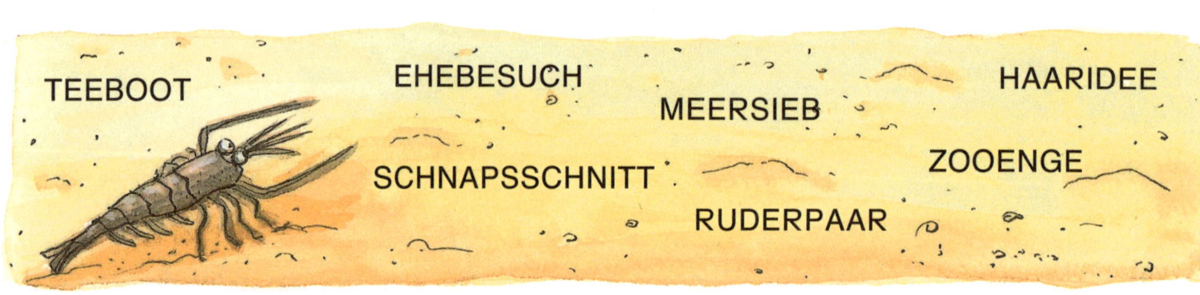

SB S. 127

Im Watt

Am frühen Morgen sammeln Lina und Jonas im Watt viele Pflanzen. In den Prielen wachsen richtige Algenwälder. Dort leben auch immer unzählige Watttiere. Kleine Fische legen am Meersalat ihre Eier ab. Lina und Jonas bereiten ein Experiment vor. In zwei Stunden ist Ebbe. Dann bauen sie einer alten Krabbe im Schlick eine Höhle. Alle Kinder bringen um 15 Uhr ihre Kescher an den Strand. Wenige Sekunden jagen sie der Krabbe hinterher. Sie vergräbt sich sofort im Sand. Währenddessen sinken Lina, Jonas und ihre Freunde jede Minute tiefer im Watt ein. Langsam kommt die Flut wieder. Abends kehren die Kinder zurück.

1 Unterstreiche im Text alle Subjekte (Satzgegenstände) blau.

2 In der Geschichte findest du sechs Prädikate (Satzkerne), die aus zwei Teilen bestehen. Schreibe sie so aus dem Text heraus:

sie legen ab – ablegen, ______

______

______

______

3 Kreise im Text alle Ortsangaben und Zeitangaben mit Bleistift ein. Schreibe jeweils drei davon in die Tabelle.

Ortsangaben	Zeitangaben

4 Unterstreiche alle **Wen oder was?** -Ergänzungen und alle **Wem?** -Ergänzungen farbig.

5 Wähle zwei Sätze aus, stelle sie so oft wie möglich um. Schreibe sie ins Heft und markiere jeweils das Prädikat (den Satzkern).

SB S. 127

An der Schulbus-Haltestelle

Wieder ein BEINAHE-UNFALL auf dem Busbahnhof

Die Busfahrerin des 13-Uhr-Busses reagierte gestern Mittag bei der Einfahrt in den Busbahnhof von Eichenbühl geistesgegenwärtig. Nur mit einer Vollbremsung konnte sie einen Unfall verhindern. Eine Gruppe Fünftklässler hatte an der Haltestelle so sehr gedrängelt, dass ein Schüler dabei auf die Fahrbahn gestoßen wurde und vor den einfahrenden Bus stürzte. „Er hat großes Glück gehabt!“, beschrieb die Busfahrerin die Situation. „Ich sah schon von Weitem die Drängelei der Schüler und hatte einen Fuß auf der Bremse.“ Eltern fordern schon seit Langem, an dieser Stelle des Busbahnhofs Begrenzungsgitter zwischen Fahrbahn und Bürgersteig einzubauen. Die Schulleitung versicherte gegenüber unserer Zeitung, man werde die Gemeinde auf das Thema ansprechen. Der Fünftklässler erlitt außer einem Schock und einer Schürfwunde keine Verletzungen. Die Verursacher wurden rasch ermittelt und zur Rechenschaft gezogen.

Was geschah?

Wo geschah es?

Wann geschah es?

Wer war beteiligt?

Wie geschah es?

Warum geschah es?

1 Unterstreiche die Antworten auf die **W**-Fragen in den passenden Farben.

2 Welche Merkmale eines Berichts enthält dieser Text?

3 Schreibe eine Reportage über dieses Ereignis oder ein Interview mit einer der beteiligten Personen.

SB S. 131

Verschiedene Texte zu einem Ereignis

1 Zu welcher Textart gehören die vier Ausschnitte? Markiere mit gleicher Farbe, was zusammengehört.

1 Ritter Rudi blickt nervös umher und ruft: „Hat jemand mein Schwert gesehen?“ In zwei Minuten muss er auftreten. Hinter der Bühne ist die Hölle los. Alle Schauspieler rennen wild durcheinander.

2 Simon: Sind Sie ein strenger Regisseur?
Lehrer: Das fragst du besser die Schauspieler.
Simon: Was passiert, wenn jemand seinen Text vergisst?

Interview **Leserbrief** **Reportage** **Bericht**

3 In der bis auf den letzten Platz ausverkauften Aula gab es Applaus und lauten Jubel, als Ritter Rudi der Prinzessin vom Schloss seine Liebe gestand.

4 Die heutige Aufführung war sehr gut. Leider habe ich in der letzten Reihe gesessen und schlecht gehört. Als der Ritter auftrat, habe ich „Bierdosen“ statt „Zierrosen“ verstanden. Wann bekommen die Darsteller Mikrofone? Ich schlage vor, dass der Förderverein der Schule eine Spendenaktion startet.

2 Finde zu jedem Text eine passende Überschrift.

1 ______________________

2 ______________________

3 ______________________

4 ______________________

3 Diese Stichpunkte hat sich der Zeitungsreporter am Tag zuvor notiert. Schreibe eine Einleitung für seinen Bericht.

- Pestalozzischule
- Tombola
- Aula
- 14–18 Uhr
- Organisation: Klasse 4a/4b
- Erlös: Mikrofone, wohltätiger Zweck

____

____

____

____

____

____

____

SB S. 133

Einen Dialog schreiben

Als der Winter kam, ging der Heuschreck zur Nachbarin Ameise und bat sie um Hilfe.

arbeiten · kalt · Hunger · Holz sammeln · Wind · faul · fleißig · gemütlich · ernten · musizieren · aufwärmen · zusammen · Vorräte

1 Stell dir vor, wie das Gespräch verlaufen könnte.
Die Wörter in den Schneeflocken können dir helfen. Schreibe so:

Heuschreck: Guten Tag, Frau Ameise. ______

Ameise: Guten Tag, Herr Heuschreck. ______

Heuschreck: ______

2 Schreibe auch zu dieser Szene einen kleinen Dialog in dein Heft.

einsam · schöne Musik · Langeweile · tanzen

SB S. 139

Bunte Winterseite

1 Wintersilbenrätsel! Färbe die Silben in den Schneeflocken, die zusammen ein Wort ergeben, in der gleichen Farbe ein. Schreibe die Wörter auf.

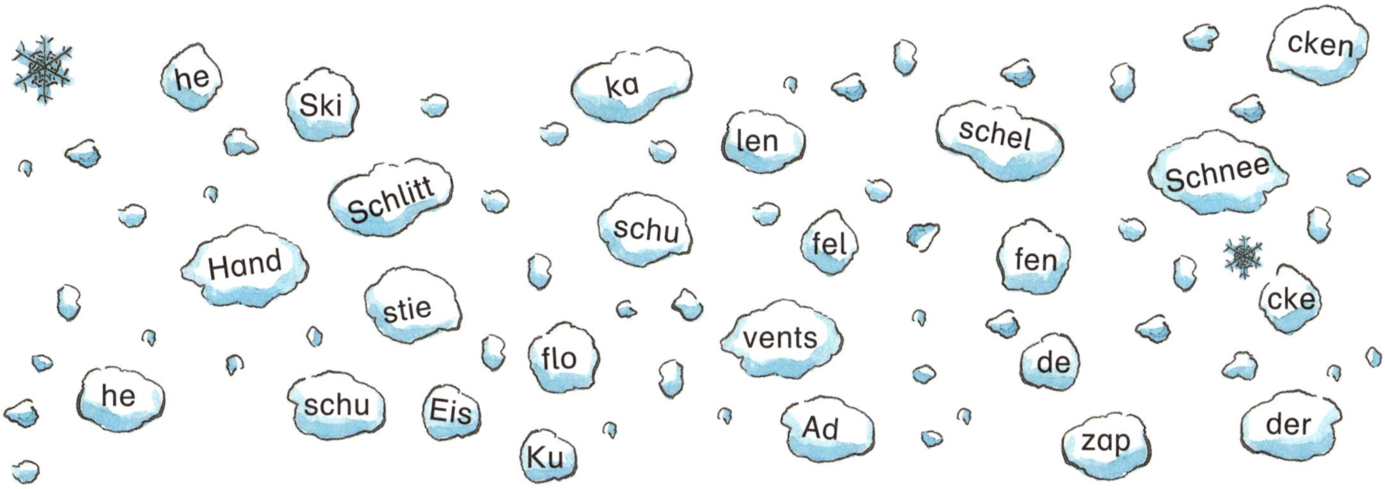

Man braucht sie, damit die Hände warm bleiben: ______________________

Er wächst an der Dachrinne, wenn das Wasser gefriert: ______________________

Mit ihnen kannst du dich auf dem Eis bewegen: ______________________

Unter sie legst du dich, wenn du frierst: ______________________

Sie sind weiß und fallen vom Himmel: ______________________

Diese Schuhe brauchst du zum Skifahren: ______________________

An ihm machst du jeden Tag ein Türchen auf: ______________________

2 Kannst du diesen Wunschzettel richtig aufschreiben?

Rannbehn = ______________________

Lixoken = ______________________

Molblack = ______________________

Esanbeihn = ______________________

Schlettin = ______________________

Wessarferban = ______________________

3 Erfinde selbst lustige Wunschzettelwörter.

____

____

____

____

____

____

Rätselei rund ums Ei

1 Kennst du die Namen dieser „Eier“?

1	schießt man mit einem Bogen
2	fährt auf Schienen
3	hat viele Sprossen
4	Satzzeichen
5	Streich-instrument
6	baut einen Kobel
7	kann man radieren
8	verwendet man zum Hän-dewaschen
9	fünfter Wochentag
10	Bär in der Arktis

2 Findest du die gesuchten Begriffe?

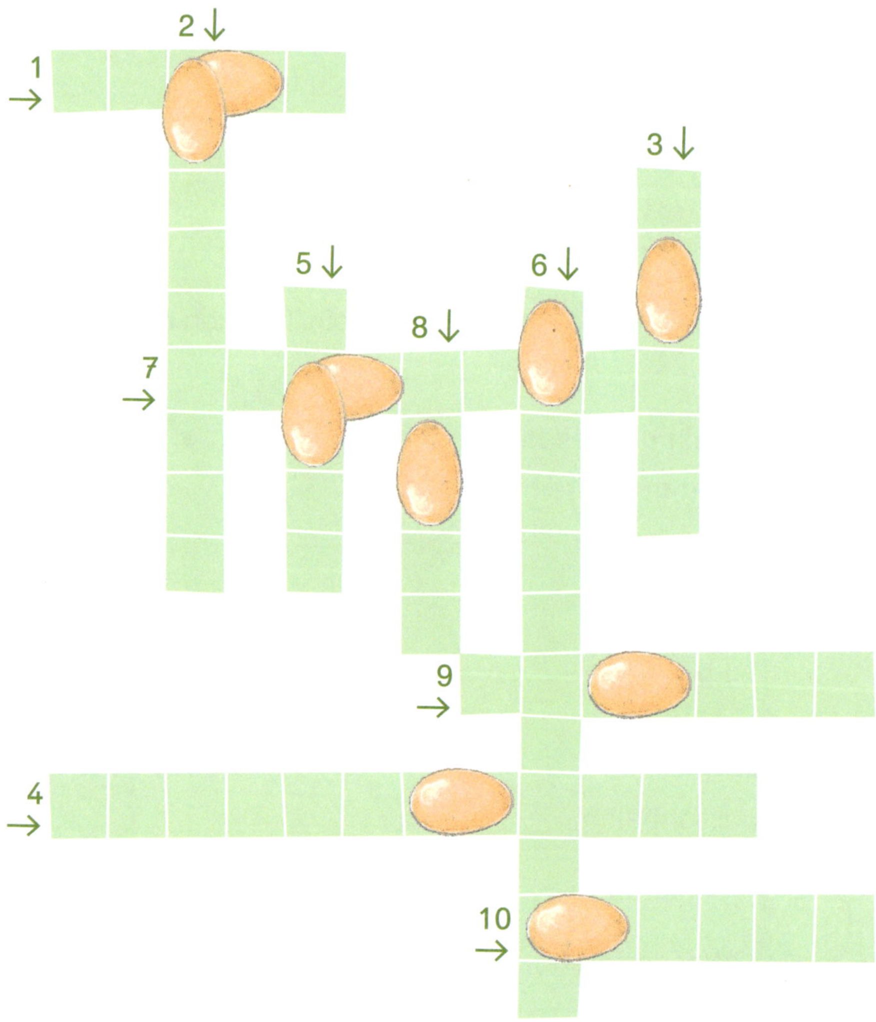

SB S. 143

Ein Stressgedicht schreiben

1 Denke an das Gedicht „Urlaubsfahrt" auf S. 144 im Buch.
Das Gedicht beschreibt das Durcheinander auf dem Weg in den Urlaub.
Bestimmt hast du schon öfter ähnliche Situationen erlebt.
Schreibe ein Stressgedicht zu einem der folgenden Themen.

In der Pause

An der Bushaltestelle

Beim Aufstehen am Morgen

drängeln
warten
Wecker
singen
Anfang
springen
stürmen
fallen
Lehrer
Türen
knallen
Bäcker
Mama
brüllen
Kakao
kleckern
T-Shirt
Pausenbrot
Treppe
Stufen
weinen
dröhnen
Rektor
Strafe

Das große Wiederholungsspiel

Immer wenn du eine Seite im Arbeitsheft geschafft hast und einen dieser Köpfe unten siehst, darfst du einen passenden Sticker vom Stickerbogen auf den großen Spielplan kleben.

Start

1

2

3

7

8

9

13

14

Ziel

60

59

57

56

55

51

50

49

45

Lege die Aufgabenkarten hier verdeckt auf den Stapel.

Das brauchst du:

- mehrere Mitspieler
- Würfel
- Spielfiguren
- Aufgabenkarten (Seite 77 – 80)

5

19 20 21

25

26

27

Das sind die Regeln:
Würfle und gehe auf das gewürfelte Feld.

Der Mitspieler links von dir zieht eine Karte und liest die Aufgabe vor. Wenn du richtig antwortest, darfst du 3 Felder vorrücken.

Zweite Chance: Der Mitspieler links von dir zieht eine Karte und liest die Aufgabe vor. Wenn du richtig antwortest, darfst du 3 Felder vorrücken. Antwortest du falsch, hast du einen zweiten Versuch. Liegst du wieder falsch, musst du 3 Felder zurückgehen.

Der Mitspieler links von dir zieht eine Karte und liest die Aufgabe vor. Wenn du falsch antwortest, musst du 3 Felder zurückgehen.

33 32 31

3

39 38 37

Wörterliste

A a

der **Abend**, die Abende
aber
acht
ähnlich, ähnlicher, am ähnlichsten
das **Akkordeon**, die Akkordeons
der **Akku**, die Akkus
alle, alles
alt, älter, am ältesten
die **Ampel**, die Ampeln
anbeißen, er beißt an, er biss an, er hat angebissen
ändern, sie ändert, sie änderte
anders
die **Angst**, die Ängste
ängstlich, ängstlicher, am ängstlichsten
antworten, er antwortet, er antwortete
der **Apfel**, die Äpfel
der **April**
arbeiten, sie arbeitet, sie arbeitete
ärgern, er ärgert, er ärgerte
der **Arm**, die Arme
der **Arzt**, die Ärzte
die **Ärztin**, die Ärztinnen
der **Ast**, die Äste
die **Aufgabe**, die Aufgaben
aufräumen, er räumt auf, er räumte auf
aufstellen, er stellt auf, er stellte auf
aufwecken, sie weckt auf, sie weckte auf
das **Auge**, die Augen
der **August**
außen
das **Auto**, die Autos

B b

das **Baby**, die Babys
der **Bäcker**, die Bäcker
baden, sie badet, sie badete
die **Bahn**, die Bahnen
der **Ball**, die Bälle
die **Bank**, die Bänke
der **Bauch**, die Bäuche
bauen, er baut, er baute
der **Baum**, die Bäume
beginnen, sie beginnt, sie begann, sie hat begonnen
das **Bein**, die Beine
das **Beispiel**, die Beispiele
belohnen, sie belohnt, sie belohnte
beobachten, er beobachtet, er beobachtete
bequem, bequemer, am bequemsten
bereit
bereits
der **Beruf**, die Berufe
beschreiben, er beschreibt, er beschrieb, er hat beschrieben
besetzt
besser, am besten
bestimmt
bevor
bewegen, sie bewegt, sie bewegte
bezahlen, er bezahlt, er bezahlte
biegen, sie biegt, sie bog, sie hat gebogen
die **Biene**, die Bienen
das **Bild**, die Bilder
die **Birne**, die Birnen
bisschen
bitten, sie bittet, sie bat, sie hat gebeten
das **Blatt**, die Blätter
blau
bleiben, er bleibt, er blieb, er ist geblieben
der **Blick**, die Blicke
blind
blitzen, es blitzt, es blitzte
der **Block**, die Blöcke
die **Blume**, die Blumen
blühen, sie blüht, sie blühte
der **Boden**, die Böden
bohren, er bohrt, er bohrte
das **Boot**, die Boote
böse, böser, am bösesten
boxen, sie boxt, sie boxte
der **Brand**, die Brände
braun
brav, braver, am bravsten
brennen, es brennt, es brannte, es hat gebrannt
der **Brief**, die Briefe
die **Brille**, die Brillen
bringen, er bringt, er brachte, er hat gebracht
das **Brot**, die Brote
das **Brötchen**, die Brötchen
die **Brücke**, die Brücken
der **Bruder**, die Brüder
das **Buch**, die Bücher
der **Buchstabe**, die Buchstaben
bunt, bunter, am buntesten
der **Busch**, die Büsche

C c

der **Cent**, die Cents
China
der **Christbaum**, die Christbäume
der **Clown**, die Clowns
der **Computer**, die Computer

D d

danken, sie dankt, sie dankte
dann
denken, er denkt, er dachte, er hat gedacht
denn
deutlich, deutlicher, am deutlichsten
deutsch
Deutschland
der **Dezember**
dick, dicker, am dicksten
der **Dienstag**
dir
donnern,

es donnert,
es donnerte
der **Donnerstag**
der **Draht**, die Drähte
draußen
dreckig, dreckiger,
am dreckigsten
drehen, er dreht,
er drehte
drei
der **Druck**
drücken,
sie drückt,
sie drückte
dumm, dümmer,
am dümmsten
die **Dummheit**
dunkel, dunkler,
am dunkelsten
dünn, dünner,
am dünnsten
durstig, durstiger,
am durstigsten

E e

die **Ecke**, die Ecken
eckig, eckiger,
am eckigsten
ehrlich, ehrlicher,
am ehrlichsten
das **Ei**, die Eier
eigentlich
eins
elf
die **Eltern**
empfinden,
sie empfindet,
sie empfand,
sie hat empfunden
empfindlich,
empfindlicher,
am empfindlichsten
das **Ende**, die Enden
eng, enger,
am engsten
entdecken,
er entdeckt,
er entdeckte
die **Ente**, die Enten
die **Entfernung**,
die Entfernungen
entgegen
entwickeln,
sie entwickelt,
sie entwickelte
die **Entwicklung**,
die Entwicklungen
die **Erde**
erfinden,
er erfindet,
er erfand,
er hat erfunden
die **Erfindung**,
die Erfindungen
erklären,
sie erklärt,
sie erklärte
die **Erlaubnis**
erleben, er erlebt,
er erlebte
das **Erlebnis**,
die Erlebnisse
erwarten,
er erwartet,
er erwartete
die **Erwartung**,
die Erwartungen
erzählen,
sie erzählt,
sie erzählte
essen, sie isst,
sie aß,
sie hat gegessen
die **Eule**, die Eulen
der **Euro**, die Euros
Europa

F f

fahren, er fährt,
er fuhr,
er ist gefahren
fallen, sie fällt,
sie fiel,
sie ist gefallen
falsch, falscher,
am falschesten
die **Familie**,
die Familien
fangen, er fängt,
er fing,
er hat gefangen
der **Februar**
der **Fehler**, die Fehler
fehlerfrei
fein, feiner,
am feinsten
das **Feld**, die Felder
das **Fenster**,
die Fenster
die **Ferien**
der **Fernseher**,
die Fernseher
fertig
feucht, feuchter,
am feuchtesten
die **Feuchtigkeit**
das **Feuer**, die Feuer
die **Fichte**, die Fichten
finden, sie findet,
sie fand,
sie hat gefunden
der **Finger**, die Finger
die **Fledermaus**,
die Fledermäuse
fleißig, fleißiger,
am fleißigsten
fliegen, er fliegt,
er flog,
er ist geflogen
fließen, sie fließt,
sie floss,
sie ist geflossen
der **Flügel**, die Flügel
das **Flugzeug**,
die Flugzeuge
der **Fluss**, die Flüsse
flüssig, flüssiger,
am flüssigsten
die **Flüssigkeit**,
die Flüssigkeiten
flüstern,
er flüstert,
er flüsterte
fragen, sie fragt,
sie fragte
die **Frau**, die Frauen
frei, freier,
am freisten
die **Freiheit**,
die Freiheiten
der **Freitag**
fremd, fremder,
am fremdesten
der **Fremde**,
die Fremden
die **Freude**
sich **freuen**,
er freut sich,
er freute sich
der **Freund**,
die Freunde
die **Freundin**,
die Freundinnen
der **Frieden**
friedlich,
friedlicher,
am friedlichsten
frieren, sie friert,
sie fror,
sie hat gefroren
frisch, frischer,
am frischesten
fröhlich,
fröhlicher,
am fröhlichsten
die **Frucht**,
die Früchte
der **Frühling**
der **Fuchs**, die Füchse
fühlen, sie fühlt,
sie fühlte
führen, er führt,
er führte
die **Führung**,
die Führungen
füllen, sie füllt,
sie füllte
der **Füller**, die Füller
fünf
der **Fuß**, die Füße

G g

ganz
der **Garten**, die Gärten
das **Gebäude**,
die Gebäude
geben, er gibt,
er gab,

er hat gegeben
die **Geburt**, die Geburten
gefährlich, gefährlicher, am gefährlichsten
das **Gefühl**, die Gefühle
der **Gegenstand**, die Gegenstände
geheim, geheimer, am geheimsten
das **Geheimnis**, die Geheimnisse
gehen, sie geht, sie ging, sie ist gegangen
gelb
das **Geld**
die **Gemeinde**, die Gemeinden
das **Gemüse**
genießen, er genießt, er genoss, er hat genossen
der **Geruch**, die Gerüche
das **Geschäft**, die Geschäfte
geschehen, es geschieht, es geschah, es ist geschehen
das **Gesetz**, die Gesetze
das **Gesicht**, die Gesichter
gestern
gesund, gesünder, am gesündesten
das **Gewächs**, die Gewächse
gewinnen, er gewinnt, er gewann, er hat gewonnen
das **Gewitter**, die Gewitter
gießen, sie gießt, sie goss, sie hat gegossen
glatt, glatter, am glattesten
das **Glück**
glücklich, glücklicher, am glücklichsten
glühen, er glüht, er glühte
das **Gras**, die Gräser
groß, größer, am größten
grün
grüßen, er grüßt, er grüßte
gut, besser, am besten

Hh

das **Haar**, die Haare
haben, er hat, er hatte, er hat gehabt
der **Hals**, die Hälse
halten, sie hält, sie hielt, sie hat gehalten
die **Hand**, die Hände
das **Handy**, die Handys
der **Hang**, die Hänge
hängen, es hängt, es hing, es hat gehangen
hart, härter, am härtesten
der **Hase**, die Hasen
häufig, häufiger, am häufigsten
das **Haus**, die Häuser
die **Haut**, die Häute
die **Hecke**, die Hecken
heiß, heißer, am heißesten
heißen, er heißt, er hieß, er hat geheißen
heizen, er heizt, er heizte
die **Heizung**, die Heizungen
helfen, sie hilft, sie half, sie hat geholfen
hell, heller, am hellsten
das **Hemd**, die Hemden
der **Herbst**
der **Herr**, die Herren
herstellen, er stellt her, er stellte her
heute
die **Hexe**, die Hexen
hier
die **Hilfe**
der **Himmel**
die **Hitze**
hoffentlich
die **Höhe**, die Höhen
die **Höhle**, die Höhlen
hören, er hört, er hörte
die **Hose**, die Hosen
der **Hund**, die Hunde
hundert
hungrig, hungriger, am hungrigsten

Ii

die **Idee**, die Ideen
der **Igel**, die Igel
ihm,
ihn, ihnen
ihr, ihre
immer
impfen, sie impft, sie impfte
informieren, er informiert, er informierte
interessant, interessanter, am interessantesten
das **Interesse**, die Interessen

Jj

das **Jahr**, die Jahre
der **Januar**
jemand
die **Jugend**
jugendlich, jugendlicher, am jugendlichsten
der **Juli**
jung, jünger, am jüngsten
der **Junge**, die Jungen
der **Juni**

Kk

der **Kaffee**
der **Käfer**, die Käfer
der **Kalender**, die Kalender
kalt, kälter, am kältesten
die **Kälte**
der **Karton**, die Kartons
die **Katze**, die Katzen
kaufen, sie kauft, sie kaufte
kennen, er kennt, er kannte, er hat gekannt
das **Kind**, die Kinder
die **Kiste**, die Kisten
klar, klarer, am klarsten
die **Klasse**, die Klassen
der **Klee**
das **Kleid**, die Kleider
die **Kleidung**, die Kleidungen
klein, kleiner, am kleinsten
klettern, sie klettert, sie kletterte, sie ist geklettert
kommen,

er kommt,
er kam,
er ist gekommen

der **Kompass**, die Kompasse

können, sie kann, sie konnte

der **Kontinent**, die Kontinente

der **Kopf**, die Köpfe

der **Körper**, die Körper

korrigieren, er korrigiert, er korrigierte

die **Kraft**, die Kräfte

kräftig, kräftiger, am kräftigsten

kratzen, er kratzt, er kratzte

krank, kränker, am kränksten

das **Kraut**, die Kräuter

die **Kreuzung**, die Kreuzungen

kriechen, sie kriecht, sie kroch, sie ist gekrochen

der **Krieg**, die Kriege

die **Kuh**, die Kühe

kühl, kühler, am kühlsten

kühlen, er kühlt, er kühlte

Ll

das **Land**, die Länder

lang, länger, am längsten

der **Lärm**

lassen, sie lässt, sie ließ, sie hat gelassen

das **Laub**

laufen, er läuft, er lief, er ist gelaufen

laut, lauter, am lautesten

leben, sie lebt, sie lebte

legen, er legt, er legte

der **Lehrer**, die Lehrer

die **Lehrerin**, die Lehrerinnen

leicht, leichter, am leichtesten

leise, leiser, am leisesten

lernen, sie lernt, sie lernte

lesen, er liest, er las, er hat gelesen

letzte, letzter, letztes

leuchten, er leuchtet, er leuchtete

die **Leute**

das **Lexikon**, die Lexika

das **Licht**, die Lichter

lieb, lieber, am liebsten

lieben, sie liebt, sie liebte

liegen, er liegt, er lag, er hat gelegen

links

der **Löffel**, die Löffel

der **Lohn**, die Löhne

Mm

machen, sie macht, sie machte

das **Mädchen**, die Mädchen

der **Magnet**, die Magnete

der **Mai**

die **Makkaroni**

malen, er malt, er malte

man

der **Mann**, die Männer

der **März**

die **Maschine**, die Maschinen

das **Maß**, die Maße

die **Maus**, die Mäuse

die **Medaille**, die Medaillen

das **Medium**, die Medien

das **Meer**, die Meere

mehr, am meisten

merkwürdig, merkwürdiger, am merkwürdigsten

messen, sie misst, sie maß, sie hat gemessen

das **Messer**, die Messer

die **Minute**, die Minuten

mir

der **Mittag**

der **Mittwoch**

der **Mokka**

der **Monat**, die Monate

der **Montag**

das **Moos**

morgen

der **Mozzarella**

der **Müll**

der **Mund**, die Münder

müssen, sie muss, sie musste

die **Mutter**, die Mütter

Nn

nachschlagen, er schlägt nach, er schlug nach, er hat nachgeschlagen

die **Nacht**, die Nächte

nah, näher, am nächsten

nähen, sie näht, sie nähte

die **Nähmaschine**, die Nähmaschinen

die **Nahrung**

die **Naht**, die Nähte

der **Name**, die Namen

die **Nase**, die Nasen

der **Nasenbär**, die Nasenbären

nass, nasser, am nassesten

die **Natur**

natürlich, natürlicher, am natürlichsten

der **Nebel**, die Nebel

nehmen, sie nimmt, sie nahm, sie hat genommen

neu, neuer, am neusten

neun

nie

niemals

niemand

der **November**

die **Nummer**, die **Nummern**

nummerieren, er nummeriert, er nummerierte

die **Nuss**, die Nüsse

nützlich, nützlicher, am nützlichsten

Oo

das **Obst**

offen, offener, am offensten

ohne

das **Ohr**, die Ohren

der **Oktober**

der **Onkel**, die Onkel

Ostern

Pp

das **Päckchen**, die Päckchen
packen, sie packt, sie packte
das **Paket**, die Pakete
das **Papier**, die Papiere
der **Pass**, die Pässe
passen, sie passt, sie passte
das **Pferd**, die Pferde
pflanzen, er pflanzt, er pflanzte
pflegen, sie pflegt, sie pflegte
die **Pfütze**, die Pfützen
der **Pilz**, die Pilze
die **Pizza**, die Pizzas
der **Platz**, die Plätze
plötzlich
die **Pommes**
produzieren, er produziert, er produzierte
das **Programm**, die Programme
die **Puppe**, die Puppen

Qu qu

das **Quadrat**, die Quadrate
quaken, er quakt, er quakte
die **Qual**, die Qualen
die **Quelle**, die Quellen

Rr

das **Radio**, die Radios
das **Rätsel**, die Rätsel
der **Raum**, die Räume
die **Raupe**, die Raupen
rechnen, sie rechnet, sie rechnete
rechts
das **Recycling**
reden, er redet, er redete
der **Regen**
regnen, es regnet, es regnete
reich, reicher, am reichsten
reisen, sie reist, sie reiste
reißen, er reißt, er riss, er hat gerissen
rennen, er rennt, er rannte, er ist gerannt
richtig, richtiger, am richtigsten
riechen, es riecht, es roch, es hat gerochen
die **Ritterzeit**
der **Rock**, die Röcke
rollen, er rollt, er rollte
rot
der **Rücken**, die Rücken
rufen, sie ruft, sie rief, sie hat gerufen
die **Ruhe**
ruhig, ruhiger, am ruhigsten
rühren, sie rührt, sie rührte

Ss

der **Saft**, die Säfte
sagen, er sagt, er sagte
das **Salz**
sammeln, sie sammelt, sie sammelte
die **Sammlung**, die Sammlungen
der **Samstag**
der **Sand**
sandig, sandiger
der **Satz**, die Sätze
schalten, er schaltet, er schaltete
schauen, sie schaut, sie schaute
scharf, schärfer, am schärfsten
der **Schatten**, die Schatten
scheinen, er scheint, er schien, er hat geschienen
schief, schiefer, am schiefsten
schimpfen, sie schimpft, sie schimpfte
der **Schalter**, die Schalter
die **Schere**, die Scheren
schlafen, sie schläft, sie schlief, sie hat geschlafen
schlagen, er schlägt, er schlug, er hat geschlagen
schließlich
der **Schlüssel**, die Schlüssel
schmecken, es schmeckt, es schmeckte
der **Schmetterling**, die Schmetterlinge
schmutzig, schmutziger, am schmutzigsten
der **Schnee**
schneiden, sie schneidet, sie schnitt, sie hat geschnitten
schnell, schneller, am schnellsten
schön, schöner, am schönsten
der **Schreck**
schreiben, er schreibt, er schrieb, er hat geschrieben
schreien, sie schreit, sie schrie, sie hat geschrien
der **Schuh**, die Schuhe
die **Schule**, die Schulen
schütteln, er schüttelt, er schüttelte
der **Schutz**
schwarz
die **Schwester**, die Schwestern
schwierig, schwieriger, am schwierigsten
die **Schwierigkeit**, die Schwierigkeiten
schwimmen, er schwimmt, er schwamm, er ist geschwommen
schwitzen, sie schwitzt, sie schwitzte
sechs
der **See**, die Seen
sehen, er sieht, er sah, er hat gesehen
sehr
die **Seife**, die Seifen
seit
die **Sekunde**, die Sekunden
der **September**
sieben
singen, sie singt,

sie sang, sie hat gesungen

sie **sind**, sie waren, sie sind gewesen

der **Sinn**, die Sinne

sitzen, er sitzt, er saß, er hat gesessen

die **Skizze**, die Skizzen

skizzieren, er skizziert, er skizzierte

der **Sohn**, die Söhne

sollen, sie soll, sie sollte

der **Sommer**

die **Sonne**

der **Sonntag**

die **Spagetti**

sparen, er spart, er sparte

der **Spaß**, die Späße

spät, später, am spätesten

der **Spaziergang**, die Spaziergänge

spazieren gehen, sie geht spazieren, sie ging spazieren, sie ist spazieren gegangen

der **Spiegel**, die Spiegel

sich **spiegeln** sie spiegelt sich, sie spiegelte sich

das **Spiel**, die Spiele

spielen, er spielt, er spielte

das **Spielzeug**, die Spielzeuge

spitz, spitzer, am spitzesten

der **Sport**

spritzen, sie spritzt, sie spritzte

der **Sprung**, die Sprünge

die **Stadt**, die Städte

der **Stapel**, die Stapel

die **Stange**, die Stangen

der **Stängel**, die Stängel

stark, stärker, am stärksten

stärken, er stärkt, er stärkte

stehen, er steht, er stand, er ist gestanden

stellen, sie stellt, sie stellte

der **Stempel**, die Stempel

steuern, er steuert, er steuerte

der **Stift**, die Stifte

still, stiller, am stillsten

stimmen, es stimmt, es stimmte

die **Stirn**

der **Stoff**, die Stoffe

der **Strand**, die Strände

die **Straße**, die Straßen

der **Strauch**, die Sträucher

der **Strauß**, die Sträuße

die **Strecke**, die Strecken

der **Streit**, die Streite

streiten, sie streitet, sie stritt, sie hat gestritten

strömen, sie strömt, sie strömte

der **Stuhl**, die Stühle

die **Stunde**, die Stunden

das **Stück**, die Stücke

stürmisch, stürmischer, am stürmischsten

suchen, er sucht, er suchte

süß, süßer, am süßesten

Tt

der **Tag**, die Tage

die **Tante**, die Tanten

die **Tasche**, die Taschen

die **Tasse**, die Tassen

tausend

das **Taxi**, die Taxis

die **Technik**, die Techniken

der **Teddy**, die Teddys

der **Tee**

das **Telefon**, die Telefone

der **Teller**, die Teller

die **Temperatur**, die Temperaturen

der **Text**, die Texte

das **Theater**, die Theater

das **Thermometer**, die Thermometer

das **Tier**, die Tiere

die **Tochter**, die Töchter

tragen, sie trägt, sie trug, sie hat getragen

trainieren, er trainiert, er trainierte

die **Träne**, die Tränen

der **Traum**, die Träume

träumen, er träumt, er träumte

treffen, sie trifft, sie traf, sie hat getroffen

trinken, er trinkt, er trank, er hat getrunken

trocken, trockener, am trockensten

turnen, sie turnt, sie turnte

Uu

üben, er übt, er übte

überqueren, sie überquert, sie überquerte

die **Uhr**, die Uhren

umkehren, er kehrt um, er kehrte um

und

ungefähr

unheimlich, unheimlicher, am unheimlichsten

der **Unterricht**

der **Urlaub**

Vv

der **Vater**, die Väter

verbessern, sie verbessert, sie verbesserte

verbrennen, es verbrennt, es verbrannte, es ist verbrannt

die **Verbrennung**, die Verbrennungen

der **Verein**, die Vereine

vergessen, sie vergisst, sie vergaß, sie hat vergessen

der **Verkehr**

verkleiden, sie verkleidet, sie verkleidete

verletzen, er verletzt, er verletzte

die **Verletzung**, die Verletzungen
verlieren, sie verliert, sie verlor, sie hat verloren
verpacken, er verpackt, er verpackte
die **Verpackung**, die Verpackungen
die **Verschmutzung**, die Verschmutzungen
die **Verspätung**, die Verspätungen
versuchen, sie versucht, sie versuchte
viel, mehr, am meisten
vielleicht
vier
der **Vogel**, die Vögel
voll, voller, am vollsten
vollständig, vollständiger, am vollständigsten
die **Vorfahrt**
vorführen, sie führt vor, sie führte vor
vorsichtig, vorsichtiger, am vorsichtigsten

Ww

die **Waage**, die Waagen
wachsen, sie wächst, sie wuchs, sie ist gewachsen
die **Wahl**, die Wahlen
wählen, er wählt, er wählte
während
der **Wald**, die Wälder
wann
warm, wärmer, am wärmsten
die **Wärme**
warten, er wartet, er wartete
waschen, sie wäscht, sie wusch, sie hat gewaschen
das **Wasser**
wechseln, er wechselt, er wechselte
der **Weg**, die Wege
Weihnachten
weiß
weit, weiter, am weitesten
wenn
werden, er wird, er wurde, er ist geworden
das **Wetter**
wichtig, wichtiger, am wichtigsten
wieder
wiegen, sie wiegt, sie wog, sie hat gewogen
die **Wiese**, die Wiesen
wild, wilder, am wildesten
der **Wind**, die Winde
der **Winter**
wissen, er weiß, er wusste, er hat gewusst
wir
die **Woche**, die Wochen
wohnen, sie wohnt, sie wohnte
wollen, er will, er wollte
das **Wort**, die Wörter
wünschen, sie wünscht, sie wünschte
die **Wurzel**, die Wurzeln

Zz

die **Zahl**, die Zahlen
zählen, er zählt, er zählte
der **Zahn**, die Zähne
die **Zehe**, die Zehen
zehn
zeichnen, sie zeichnet, sie zeichnete
zeigen, sie zeigt, sie zeigte
die **Zeit**, die Zeiten
die **Zeitung**, die Zeitungen
zerfließen, er zerfließt, er zerfloss, er ist zerflossen
ziehen, er zieht, er zog, er hat gezogen
das **Ziel**, die Ziele
zielen, sie zielt, sie zielte
das **Zimmer**, die Zimmer
der **Zucker**
die **Zukunft**
zukünftig
zuletzt
zurück
zusammen
zwei
die **Zwiebel**, die Zwiebeln
zwölf

Wie viele Satzglieder hat der Satz: Frida spielt immer die Hauptrolle? vier (Frida | spielt | immer | die Hauptrolle.)	Warum schreibst du Bäume mit äu? Weil Bäume von Baum kommt.	Von welchem Verb ist stieß die Vergangenheit? stoßen	Nenne ein Kinderrecht, das dir besonders wichtig ist. z. B.: das Recht auf Bildung und Ausbildung, das Recht auf Gleichbehandlung	Was haben Akku, Makkaroni und Akkordeon gemeinsam? Sie werden mit kk geschrieben.
Was ist der Unterschied zwischen Satzgliedern und Wortarten? Satzglieder können aus mehreren Wörtern bestehen, die zu verschiedenen Wortarten gehören können.	Nenne fünf Fragewörter für Orts- und Zeitangaben. Wo? Woher? Wohin? Wann? Wie lange? Seit wann? Wie oft?	Deinen Vortrag beginnst du erst, wenn … … alle zuhören.	Wie schreibst du messen? Begründe. Mit ss, da der Selbstlaut davor kurz gesprochen wird.	Was musst du in einem höflichen Brief bei den Anredepronomen beachten? Man schreibt sie groß, z. B. Sie, Ihnen, Ihr.
Nenne vier Verben aus dem Wortfeld machen. herstellen, erledigen, öffnen, schließen, verrichten, …	Nenne fünf Bindewörter. da, weil, nachdem, obwohl, damit, bevor, …	Wo kann bei der wörtlichen Rede der Redebegleitsatz stehen? Erkläre an einem Beispiel. am Anfang / vorangestellt, mitten drin / eingeschoben oder am Ende / nachgestellt	Wie schreibt man den x-Laut in den Wörtern Echse, sechs und wechseln? mit chs	Sage das Verb träumen in allen Zeitformen, die du kennst. ich träume, ich träumte, ich habe geträumt, ich werde träumen
Zeige zwei Handzeichen und erkläre ihre Bedeutung. z. B.: Zwei Erstklassig! 	Nenne mindestens drei Stichwörter, die in einem Personensteckbrief vorkommen müssen. Größe, Haarfarbe, Geschlecht, Hobbys, …	Frage nach dem unterstrichenen Nomen. In welchem Fall steht es? Der bunte Ball gehört <u>dem großen Mädchen</u>. Wem-Fall (Wem gehört der bunte Ball?)	Buchstabiere das Wort Pompeji. P-o-m-p-e-j-i	Setze folgenden Satz in die zusammengesetzte Vergangenheit und in die Zukunft: Der Berg spuckt Asche und Feuer. hat … gespuckt, wird … spucken

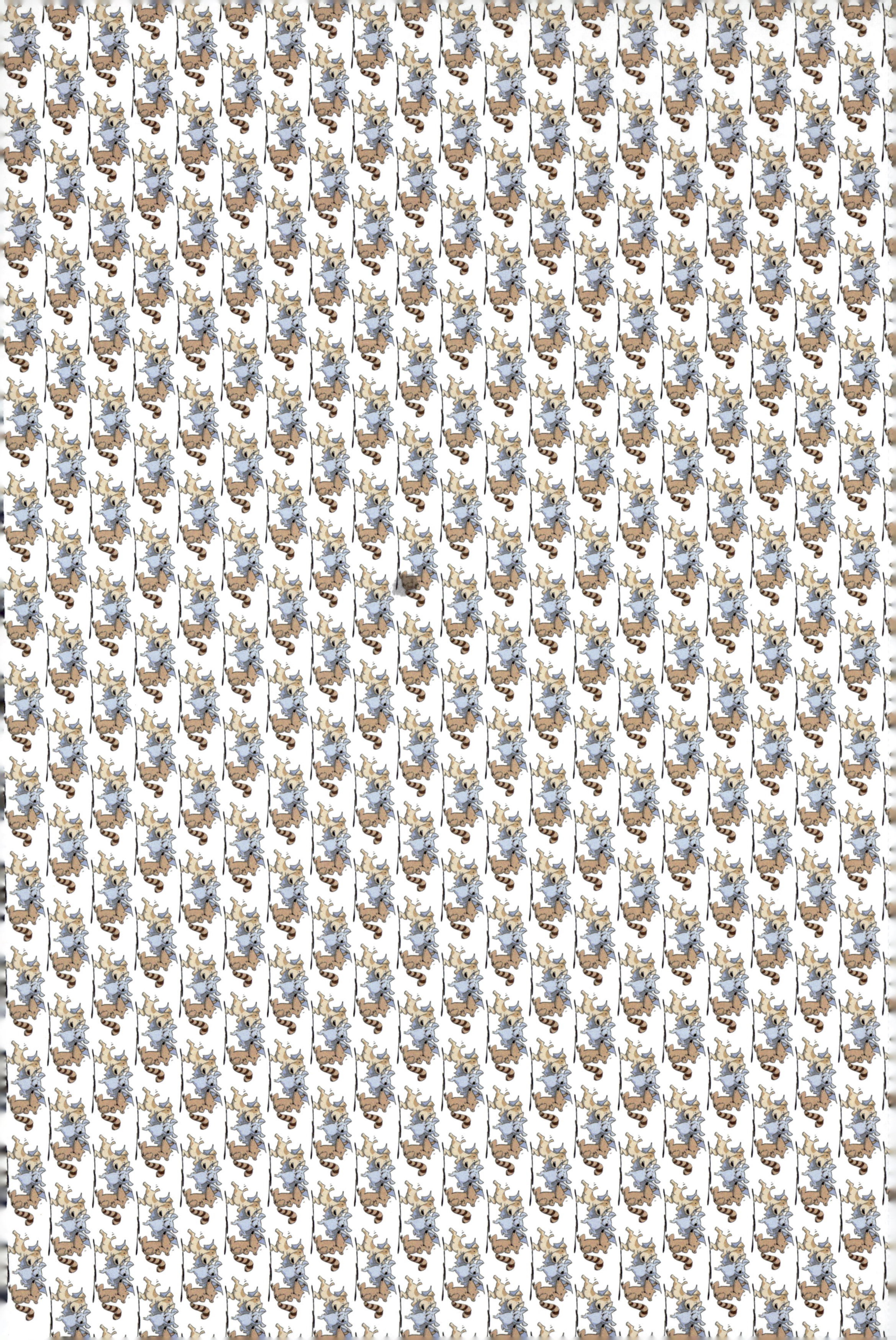

Bilde einen Satz mit dem Wort einsammeln. z. B.: Die Lehrerin sammelt die Hefte ein.	Nenne drei Berufe mit einer typischen Berufskleidung. Krankenschwester, Koch, Stewardess, …	Bilde jeweils drei Wörter mit den Vorsilben Vor- / vor- und Ver- / ver-. Vorsicht, Vorhang, vorspielen; Versuch, Verstand, verzeihen, …	Bilde die Mehrzahl von Kuh, Reh, Schuh und Floh und sprich sie in Silben. Was wird dadurch hörbar? Das h wird hörbar: Kü-he, Re-he, Schu-he, Flö-he.	Wie lautet die Grundstufe von am meisten? viel
Entscheide: wie oder als? Ich bin klüger (als / wie) letztes Jahr. klüger als	Nenne je ein Nomen, Verb und Adjektiv zum Thema Wasser. Regen, Fluss; spritzen, tropfen; nass, flüssig, …	Bilde von folgenden Nomen die Mehrzahl: Erlebnis, Geheimnis, Wagnis. Erlebnisse, Geheimnisse, Wagnisse	Was haben die Wörter Moos, Nordsee, Klee und Waage gemeinsam? Sie werden mit doppeltem Selbstlaut geschrieben.	Bilde zu Wort, Wolke, Frieden, Kind und Riese je ein Adjektiv. wörtlich, wortlos, wolkig, wolkenlos, friedlich, kindlich, kinderlos, riesig
Was ist eine Reportage? Reporter berichtet als Augenzeuge Ereignisse vor Ort: persönliche Eindrücke, Gespräche, Interviews …	Nenne drei W-Fragen, die ein Bericht berücksichtigen muss. Wer war beteiligt? / Was geschah? / Wann geschah es? / Wo geschah es? …	Nenne drei Themen, die in eine Klassenzeitungen gehören. Ausflug, Interview mit Hausmeister, Witze, Rätsel, …	Erfinde ein zusammengesetztes Wort, das aus mindestens vier Wörtern besteht. z. B.: Haus | meister | schnee | schaufel | griff	Erfinde einen Fantasienamen für dich.
Sprich so schnell du kannst: Der Wachsmaskenmacher macht Wachsmasken aus Wachsmaskenwachs.	Sage einem anderen Kind, was du besonders an ihm magst.	Führe jemanden an der Nase einmal um den Tisch herum.	Was bedeutet die Redewendung einen Zahn zulegen? Spiele pantomimisch vor.	Fasse dir mit der rechten Hand ans linke Ohr und mit der linken Hand an die Nase. Nun wechselst du die Hände dreimal.